Arnold von Lasaulx

**Eruptivgesteine im Gebiet vor Saar und Mosel**

Arnold von Lasaulx

**Eruptivgesteine im Gebiet vor Saar und Mosel**

ISBN/EAN: 9783742875815

Hergestellt in Europa, USA, Kanada, Australien, Japan

Cover: Foto ©ninafisch / pixelio.de

Manufactured and distributed by brebook publishing software (www.brebook.com)

Arnold von Lasaulx

**Eruptivgesteine im Gebiet vor Saar und Mosel**

In dem Gebiete der devonischen Schichten, welche zwischen den Städten Trier, Saarburg und Birkenfeld südlich der Mosel vorzüglich die Höhen des Hoch- und Idarwaldes bildend, nach Südwesten in breiter Zone von den Gebieten der Kohlenformation südöstlich, den Schichten des Bundsandsteines, Röth und Muschelkalkes nordwestlich eingefasst, bis nahe an die Grenze gegen Luxemburg hin sich erstrecken, liegen eine grosse Zahl einzelner oder zu längeren Zügen sich aneinander reihender Punkte von Gesteinen, die ihre petrographische Beschaffenheit und ihre meist deutlich ausgeprägte durchgreifende Lagerung als Eruptivgesteine ansprechen zu dürfen gestattet. Der grösste Theil dieser Gesteine wurde bisher unter dem Namen von Grünsteinen zusammengefasst, der die Unmöglichkeit einer schärferen Definition verhüllt. Nur einzelne dieser Gesteine waren schon bestimmter als Diorite, Diabase, Hypersthenite bezeichnet worden.

Die fortdauernde genauere Durchforschung dieses Gebietes hat die Zahl der Fundpunkte solcher Gesteine um ein Erhebliches vermehrt und ergeben, dass ihre petrographischen Charaktere doch sehr verschieden sind.

Während in dem südlich an das unsere angrenzenden Nahegebiete die hier vorzüglich in der sog. Pfälzer Rothliegenden Mulde auftretenden Eruptivgesteine in den schönen Arbeiten von Laspeyres[1]), Streng[2]), Kosmann[3]) eine genauere petrographische Beschreibung gefunden haben und zahlreiche einzelne Vorkommen in den Arbeiten von Zirkel, Hagge, Weiss u. A. besprochen und charakterisirt wurden, fehlt für das Saar-Moselgebiet eine solche Sichtung des reichen petrographischen Materiales noch fast ganz.

Eine grössere Zahl von Gesteinen (38 von verschiedenen Fundstätten) aus diesem Gebiete, die mir durch die Herren Geh.-Rath Dr. v. Dechen, Dr. Grebe, Dr. Steeg in Trier, Apotheker Becker in Rhaunen zur Bestimmung übergeben wurden, habe ich eingehender studirt und mikroskopisch untersucht, wozu mich die Herstellung von über 200 Dünnschliffen der verschiedenen Gesteine nach und nach in die Lage setzte. Ein Theil dieser Untersuchungen wurde schon vor zwei Jahren zum Abschluss gebracht, später fügten sich dann noch weitere Gesteine an.

Auch jetzt, wo ich die Resultate meiner Untersuchungen veröffentliche, machen dieselben nicht den Anspruch, ein vollständiges Ganze zu bilden; aber die vorzüglichsten Typen der dortigen Gesteine sind doch wohl darin enthalten.

## 1. Der Diabas-Diorit von Kürenz bei Trier.

Das Gestein von Kürenz ist eines der wenigen, mit dem sich schon frühere Arbeiten beschäftigt haben. Wohl zuerst findet dasselbe eine ausführlichere Erwähnung in den Schriften des verdienten Trierer Geologen J. Steininger. In dessen: Geognost. Studien am Mittelrheine, Mainz 1819, S. 33—34 sagt derselbe: „Der Grünstein bildet zu Kürenz bei Trier zwei Lager, jedes 50—60' mächtig, welche zusammen von Hamm bei Saarholzbach über Trier

---

[1]) Die geognost. Verhältn. der Gegend von Kreuznach. Z. d. deutsch. geol. Ges. 1867. 803.

[2]) Bemerkungen über die krystallin. Gesteine des Saar-Nahe Gebietes. N. J. f. Min. 1872, 261, 371.

[3]) Geogn. Beschreibung des Spiemont bei St. Wendel. Verh. d. nat. Ver. f. Rh. u. Westf. 1868. S. 239.

nach Neumagen und Merzig a. d. M. herabziehen. Zu Neumagen stehen sie auf dem Clausener Berge zu Tage aus. Hornblende und Feldspath sind selten so innig gemengt, dass man sie im Gemenge nicht recht gut unterscheiden könnte. Zuweilen liegt die Hornblende in einzelnen zolllangen Säulchen in einem frischen rothen Feldspath; manchmal liegen sehr viele Quarzsäulchen oder Körner in der Grünsteinmasse und scheinen fast den Feldspath zu ersetzen. Sie wird oft von weissen oder braunrothen Kalkspathtrümmern durchzogen und enthält auch Parthieen von gemeinem Asbest. Jedes dieser Grünsteinlager wird von einem Wetzschieferlager begleitet, das mit ihm ungefähr von gleicher Mächtigkeit ist. Der Wetzschiefer ist bläulich, grünlich oder röthlichgrau, heller oder dunkler gestreift, an den Kanten schwach durchscheinend. Sein spec. Gewicht ist 2,765. Er ist von Wenigen gekannt und bleibt daher unbenutzt." — An einer anderen Stelle in seinen „Bemerkungen über die Eifel und die Auvergne" Mainz 1827, S. 40—41 sagt Steininger: „Die Grünsteinkuppen bei Trier reihen sich in zwei parallele, nicht weit von einander liegende Züge von SSW — NNO, auf eine Strecke, deren äusserste mir bekannte Punkte ober Saarburg und bei Neumagen ungefähr 12 Stunden von einander entfernt sind. Sie liegen alle in dem Thonschiefer und das Gestein, woraus sie bestehen, nimmt auf der Grenze zwischen Thonschiefer und Grünstein allmälig eine schmutzigrothe Farbe und den erdigen Bruch des ersteren an und geht auf diese Art gleichsam in ihn über. In dem Grünstein ist die Hornblende (Amphibol) nur ein untergeordneter Gemengtheil; in etwas grösserer Menge ist der Feldspath vorhanden; aber fast der grösste Theil der Masse besteht aus Schillerstein, so dass die Felsart als ein mit Schillerstein übermengter Grünstein betrachtet werden kann. Der Schillerstein liegt in grünlichgrauen, ins Silberweisse übergehenden Blättchen in dem Gemenge, mit fast metallischem Glanze; der Feldspath ist röthlich oder etwas grün gefärbt, die Hornblende ist grünlichschwarz. Der Rothglühhitze ausgesetzt wird das Gestein schmutzig braunroth. Die zarten Schillersteinblättchen nehmen eine helle Tombakfarbe an, mit hohem Metallglanze, die Hornblende wird bräunlich schwarz, wie im vulkanischen Gebirge. — Dieses Gemenge von Hornblende und Diallage mit gemeinem Feldspathe ist mir in keinem der pfälzischen Trappgesteine bekannt und es scheint schon für sich hinzureichen, den Grünstein von Trier von den sogenannten Flötzgrünsteinen und den Hornblendegesteinen der Pfalz zu unterscheiden." Es mag hier schon zu diesen Angaben Steininger's bemerkt werden, dass die Gesteine der von ihm von Saarburg bis Neumagen verfolgten Züge keineswegs alle petrographisch identisch sind und dass die von ihm gegebene Beschreibung sich eben auf das Gestein von Kürenz bezieht, dessen diallagartigem Bestandtheil die eigenen Untersuchungen allerdings eine abweichende Deutung geben.

In den Sitzungsberichten der niederrhein. Gesellschaft für Natur- und Heilkunde vom Jahre 1856 (Verh. d. naturhist. Ver. f. Rheinl. u. Westf. Jahrg. 13. S. LXII) gab Noeggerath ebenfalls eine kurze Notiz über die Dioritkuppe von Kürenz, deren wesentlicher Inhalt für das Gestein etwa folgendes ergibt. Es durchbricht das Grauwackengebirge in einer durch mehrere Steinbrüche erschlossenen etwas langgezogenen Kuppe. Der Diorit ist nach seinen gut erkennbaren Gemengtheilen ein normaler, indess ist seine Härte auffallend gering und man erkennt schon daraus, dass seine Gemengtheile eine bedeutende Umwandlung erlitten haben. Darin glaubt Noeggerath einen Uebergang zu Serpentin zu sehen, wofür auch das Vorkommen von sog. Bergholze spräche. Kalkspath mit innliegenden Parthien fasrigen Quarzes (Katzenauge) deuten ebenso eine tief eingreifende Umbildung auf nassem Wege an.

Später hat Steeg den Diorit von Kürenz einer chemischen Analyse unterworfen (Programm der Realschule zu Trier 1863), deren Resultat weiter unten mitgetheilt wird. Steeg nennt das Gestein einen sehr feinkörnigen Diorit, dessen mineralogische Charakteristik nicht leicht sei und hebt ganz richtig hervor, dass wohl nur die Vergleichung mit den andern in diesem Gebiete auftretenden Dioriten, sowie das Studium ihrer Verwitterungsprodukte Aufschlüsse über ihren Bestand zu geben vermöchten. Er erwähnt in dem

Diorit Gänge und Adern, fast von der Breite eines Zolles, die aus weissem, deutlich krystallinischem Kalkspathe von ausgezeichneter rhomboëdrischer Spaltbarkeit bestehen. Mit der von Noeggerath betonten geringen Härte scheint es nicht ganz in Einklang zu stehen, dass dieser Diorit nach Steeg als Material zur Gewinnung von besonders dauerhaften Pflastersteinen dient, die grosse Härte wird ausdrücklich als ein Hinderniss seiner Zerkleinerung bezeichnet. Von mineralischen Einschlüssen erwähnt Steeg ausser dem Kalkspathe auch Quarz in Trümmern, Schnüre von Asbest; „Stücke die längere Zeit an der Luft gelegen, zeigen häufig grosse Flecken von Malachit an der Oberfläche, die wahrscheinlich ein secundäres Produkt sind", obgleich in mehreren frisch gebrochenen von Steeg untersuchten Proben keine Spur eines kupferhaltigen Minerales zu entdecken gewesen sei. Dieses grüne Zersetzungprodukt wird im folgenden eines nähern erörtert werden.

Ausser den angeführten Mittheilungen sind mir spätere Bemerkungen über den Diorit von Kürenz nicht bekannt geworden; mikroskopisch scheint er noch nicht untersucht worden zu sein, weder Behrens[1] erwähnt ihn in seiner Abhandlung über die mikroskopische Zusammensetzung der Grünsteine, noch finde ich ihn in den neueren Lehrbüchern nach dieser Richtung hin besprochen[2].

Die grosse Verschiedenheit in den Beschreibungen der vorhin angeführten Autoren lässt eine abweichende Beschaffenheit des Gesteines an verschiedenen Stellen und von verschiedener Frische schon vermuthen, die in der grösseren Reihe mir vorliegender Handstücke, die ich z. T. selbst gelegentlich einer kurzen Anwesenheit in Trier im Frühjahre 1875 gesammelt habe, auch ihre Bestätigung findet.

In Bezug auf das geognostische Auftreten möchte ich nur eine kurze Bemerkung vorausschicken. Der Diorit scheint nicht so sehr in Form einer Kuppe, als vielmehr

---

[1] N. Jahrb. f. Min. 1871. 460.
[2] Rosenbusch's II. Theil seiner Physiographie erschien erst nachdem dieses geschrieben. Dort findet er sich angeführt, wie später noch erwähnt werden soll.

eines gangartigen, gestreckten Stockes aus dem devonischen Gebirge hervorzutreten. Das Streichen dieses mächtigen Ganges ist ganz in Uebereinstimmung mit den Angaben Steininger's ein südwest-nordöstliches, wie die meisten der übrigen in diesem Gebiete auftretenden und parallel verlaufenden Gesteinszüge. Das ist auch durch die Angaben dieser Gesteine auf der geognostischen Karte der Rheinprovinz von H. von Dechen schon deutlich zu ersehen und findet in den neueren, sorgsamen Kartirungen des Herrn Grebe immer mehr Bestätigung. An Ort und Stelle lässt sich das Gestein von Kürenz über das in den Grauwackenschiefer eingeschnittene Thal des Avelerbaches hinüber verfolgen und noch weiter abwärts die Mosel. Dass er in der That das Thal überschreitet, zeigt sich deutlich, wenn man aufwärts in dasselbe hineinbiegt, dann tritt dort der Diorit, hier also in seinem Profile, an den Abhängen und in der Thalsohle zu Tage. Da er zu Pflastersteinen gebrochen wird, so kann man schon an der nach Eilsch führenden Strasse reichlich frisches Material sammeln.

Der auffallend verschiedene äussere Habitus der Stücke lässt drei von einander abweichende Strukturvarietäten dieses Gesteines unterscheiden, worin die z. Th. aus einander gehenden Angaben der früheren Autoren schon ihre Erklärung finden. Die Verschiedenheit erscheint sowohl in der Grösse des Kornes ursprünglich, als in dem Zustande der mehr oder weniger fortgeschrittenen Zersetzung bedingt.

Am frischesten, härtesten und am deutlichsten charakterisirt erscheint die grobkörnige Varietät des Gesteines von durchaus granitischem, an gewisse Syenite erinnernden Typus. Neben rötblichem Feldspathe, dessen Leisten bis zu 2—3 mm Länge haben, dessen trikline Streifung schon mit der Loupe auf frischen Spaltungsflächen recht deutlich sichtbar wird, liegen gleich grosse Individuen von schwarzbrauner, zuweilen grünlicher Hornblende, an Quantität etwas gegen den Feldspath zurücktretend. Mit der Hornblende erscheint ein grünes, faseriges oder schuppiges Mineral z. Th. seidenglänzend in inniger Verbindung, ohne Zweifel dasjenige, welches Steininger als Diallag ansprechen zu können glaubte und von dem unten noch mehrfach die Rede sein wird. Titaneisenkörner, feine, lebhaft glänzende Nadeln von Apatit, auch ein zweiter, grünlichweisser Feldspath, den man für Orthoklas halten möchte, dessen häufigere Anwesenheit das Mikroskop bestätigt, lassen sich schon mit der Loupe wahrnehmen.

Eine zweite Varietät des Gesteines ist viel feinkörniger, der Feldspath tritt zurück, die Hornblende und mit ihr das grüne, faserige Mineral überwiegen, das Gestein erscheint daher ungleich dunkler, stellenweise fast gleichmässig schwarzgrün gefärbt. Dass das reichlichere Auftreten des grünen Minerals mit einer Zersetzung in Verbindung steht, spricht sich auch in der geringeren Härte und bröcklichen Beschaffenheit dieser Varietät aus; Kalkspath ist reichlich vorhanden, überall mit der Loupe wahrzunehmen und mit Säuren zu erkennen.

Die dritte Varietät ist ohne Zweifel ursprünglich die feinkörnigste gewesen, jetzt sind zwar die einzelnen Gemengtheile nur mehr schwer zu unterscheiden, vorherrschend ist das grüne, schuppige Mineral. Kalkspath ist in deutlichen Rhomboëdern auf den Gesteinsfugen sichtbar, Schnüre eines fasrigen, chrysotilähnlichen Minerales durchziehen einzelne Stücke. Die Farbe ist stellenweise eine gleichmässig malachitgrüne und hierin findet das von Steeg erwähnte, vermeintliche Vorkommen von Malachit seine Aufklärung. Das Gestein braust schon in Stücken lebhaft mit Säuren auf.

Diese drei Varietäten trennen sich natürlich nicht scharf von einander, sondern stehen durch successive Uebergänge in Verbindung. Die grobkörnige und frischeste Varietät entstammt vorzüglich dem Innern der mächtigen Gangmasse, während nach den Salbändern und den begrenzenden Schiefern zu wahrscheinlich die meist umgewandelten und ursprünglich feinkörnigeren Varietäten erscheinen, wenngleich ein solcher Uebergang regelmässig nicht mit Sicherheit von mir verfolgt werden konnte.

Die mikroskopische Analyse der verschiedenen Varietäten dieses Gesteines ergibt gleichfalls auf das deutlichste die schon im Aeusseren wahrnehmbaren Umwandlungsstadien und ist hierfür nicht ohne Interesse. Die Details der mikroskop. Beschaffenheit ergeben sich dabei für die verschiedenen Varietäten doch so übereinstimmend, dass es nicht nöthig erscheint, sie gesondert zu betrachten.

Im Mikroskope lassen sich folgende Gemengtheile bestimmen: Plagioklas, Orthoklas, Hornblende, Augit, Uralit, Biotit, Titaneisen, Apatit, Quarz, Kalkspath und eine grüne Zwischenmasse, für welche der Vogelsang'sche Collektivname Viridit einstweilen gebraucht werden mag.

Zum Studium der Feldspathe dieses Gesteines eignen sich besonders die Dünnschliffe der grobkörnigen Varietät, weil sie nur hier noch ziemlich frisch erscheinen. Deutlich tritt an diesen meist die polysynthetische Zwillingsstreifung hervor. Einlagerungen von Lamellen in zwei unter nahezu rechten Winkeln sich schneidenden Richtungen sind häufig, es zeigen sich alle Verhältnisse, wie sie Cohen[1]) aus dem Diabas der Umgegend der Capstadt abgebildet hat und wie sie für dioritische und diabasische Gesteine im Allgemeinen als fast charakteristisch gelten dürfen. Messungen an solchen Querschnitten der orthodiagonalen Zone, bei denen die Winkel der Auslöschungsrichtungen links und rechts von der Linie der Zwillingsgrenze gleiche oder fast gleiche Werthe zeigten, ergaben Schwankungen von $27°—32°$, $13\frac{1}{2}$ bis $16°$ beiderseitig für den Winkel, den die Auslöschungsrichtungen bilden. Das würde wohl am ehesten auf Oligoklas hinweisen. Neben dem Plagioklas kommt, wenn auch nur vereinzelt und nur in den frischesten Stücken sicher bestimmbar, Orthoklas vor; als solche sind mit Sicherheit die nur aus zwei Individuen bestehenden Zwillinge anzusehen, in denen die Auslöschungsrichtungen parallel und senkrecht zur Zwillingsgrenze orientirt sind, wenngleich auch ausser diesen noch manche Querschnitte, welche keinerlei Anzeichen der triklinen Zwillingsstreifung erkennen lassen, als Orthoklas angesehen werden möchten. Die trübe Beschaffenheit beider Feldspathe erschwert hier meist die Entscheidung und lässt nur vereinzelt eine optische Prüfung zu. Sie zeigen meist nur mehr eine unbestimmte Aggregatpolarisation, so fast ausschliesslich in den umgewandelten Varietäten des

---

1) N. Jahrb. f. Min. 1874. 460, Sep. Abd. S. 14.

Gesteines, so dass hier kaum die Umrisse der einzelnen Individuen sich noch abheben. Sie erscheinen dann mit kleinen Kalkspathkörnchen wie durchspickt, die sich an dem glänzenden Hervortreten bei Anwendung des Analysators allein oder noch besser durch Einschieben eines Gypsblättchens von bestimmter Interferenzfarbe bei gekreuzten Nicols auf das unzweifelhafteste bestimmen lassen. Diese Kalkspathkörner werden nach und nach grösser und es erscheint bemerkenswerth, dass in den Feldspathen der meist zersetzten Gesteinsvarietät vollkommen scharfe Kalkspathrhomboëder eingewachsen scheinen, die man auf den ersten Blick für eine primäre Bildung zu halten geneigt sein könnte. Mit den Feldspathen steht die grüne Viriditmasse gleichfalls in örtlicher Beziehung, dieselbe umsäumt und durchzieht manche Feldspathquerschnitte. Ausserdem aber erscheinen darin Büschel und verworrene Knäuel feiner, filziger Nadeln, die zweifellos identisch sind mit den auch makroskopisch sichtbaren asbest- oder chrysotilähnlichen Bildungen. Manche Feldspathe zeigen einen auffallend grossen Reichthum an eingewachsenen Apatitnadeln und zwar könnte es hin und wieder scheinen, als ob diese in einer gewissen krystallographischen Orientirung eingewachsen seien, da in manchen Feldspathen nur die hexagonalen Querschnitte, in andern nur die prismatischen, nadelförmigen Längsschnitte sichtbar sind.

Die Hornblende erscheint in den Dünnschliffen mit lebhaft brauner Farbe und starkem Pleochroismus in den Nüancen: c. schwarzbraun, b. tombakbraun, a. lichtbraun. Die Hornblendequerschnitte sind nur zum kleineren Theile nach Form und Spaltbarkeit gut charakterisirt, auch hier hat eine fortschreitende Umwandlung mancherlei Veränderungen bewirkt. Die unregelmässigen Umrisse der braunen Hornblende fransen sich gleichsam in die lichtgrüne, feinfaserige Masse des Viridit aus, der z. Th. ganz an ihre Stelle getreten zu sein scheint. Manchmal unterscheidet nur die Anwendung polarisirten Lichtes diese fasrigen Viriditpartien von den lebhaft polarisirenden, ebenfalls lichtgrünen, aber pleochroitischen, aus lauter lamellar ausgebildeten Mikrolithen bestehenden, vollkommen schilfartig ausgebildeten Hornblendeparthien, die gleichfalls in diesem Gesteine vorkommen. Von besonderem Interesse ist aber die regelmässige Verwachsung der Hornblende mit Augit und einer dem Uralit ähnlichen Substanz, wie sie in einigen Dünnschliffen des Gesteines wahrzunehmen ist. Für sich allein erscheint der Augit nur ganz vereinzelt. Er hat eine blassviolette oder röthlichgraue Farbe, seine meist zerrissenen und unregelmässigen Formen zeigen keine Spur von Pleochroismus, so dass er sich hierdurch recht scharf von der Hornblende trennen lässt. Eine eigenthümliche diallagartige Beschaffenheit, wie sie hier hervortritt, erkannte auch schon Behrens[1]) in manchen Dioriten. Weder Hornblende noch Augit zeigen besonders bemerkenswerthe Einschlüsse. Während dieselben vereinzelt auch getrennt neben einander in dem Gesteine von Kürenz vorkommen, sind sie vorwaltend in der Weise mit einander verwachsen, dass ein Hornblendequerschnitt, äusserlich scharf umgrenzt, von der charakteristischen tombakbraunen Farbe und starkem Pleochroismus einen Kern von Augit umschliesst, der durch eine Art feiner Ausfransung und Faserung in eine gleichsinnig wie die Hornblende lamellare, oft schilfige, deutlich pleochroitische und Absorption zeigende grüne Substanz übergeht, die sich zwischen die äussere Hornblendezone und den Augitkern einschiebt. Die pleochroitischen Farben dieser Masse sind: grasgrün, blassgrün, lauchgrün oder auch gelblich, gelbgrün, lauchgrün; aber von den Viriditparthien nicht nur hierdurch, sondern besonders durch die deutliche Polarisation gegenüber dem fast isotropen Verhalten jener unterschieden. Bei gekreuzten Nicols lassen sich die drei verschiedenen Substanzen auch sehr gut von einander trennen durch die verschiedene Intensität der Polarisationsfarben, die beim Augit am lebhaftesten erscheinen. Nach der ganzen Erscheinung kann diese grüne Substanz von dem optischen Verhalten und z. Th. der deutlichen Spaltbarkeit der Hornblende, welche die Augitkerne umsäumt, nur für Uralit gehalten werden. Messungen an solchen Durchschnitten, welche für nahe klinodiagonal

---

1) l. c.

gelten können und alle drei Substanzen, die äussere braune Hornblendezone, die grüne Uralitzone und die Augitkerne zeigen, ergaben, dass die Auslöschungsrichtungen in der Hornblende und dem Uralit übereinstimmend liegen, mit der Prismenaxe bilden sie einen Winkel von 14°—16°. Dagegen bildet die Auslöschungsrichtung in den Augitkernen mit derselben Axe einen Winkel von 40°—42°. Vergl. Taf. IV Fig. 4 die einen solchen Querschnitt darstellt. Die Verhältnisse, wie sie Zirkel[1]) von den schönen Uralitkrystallen des baschkirischen Dorfes Muldakajewsk schildert, passen fast wörtlich auf einen Theil der hier vorliegenden Verwachsungserscheinungen. Das Hineingreifen der äusseren Hornblende mit vielen Zacken und Spitzen, die lebhaften Farbenunterschiede: Hornblende braun, Uralit grün, Augit blassröthlich, die übereinstimmende Faserung der beiden ersteren, das alles erscheint hier identisch. Auch hier treten in der blassgrünen Uralitmasse vielfache dunklere Körner auf, in derselben Richtung gefasert und gestreckt. Auch das, was Rosenbusch in der Abhandlung vom Rath's[2]) über den Monzoni von dem Monzonidiabase beschreibt, passt theilweise auf unser Vorkommen, nur scheinen in dem Gesteine von Kürenz die Uralitfasern in allen Fällen optisch durchaus parallel orientirt. An Grösse überwiegt in der Regel der augitische Kern, die Uralitzone ist wechselnd, die Hornblende bildet oft nur einen ganz schmalen Rand, nach Innen unregelmässig verlaufend, nach Aussen meist scharf und geradlinig begrenzt. Dem Uralit gehört ohne Zweifel ein Theil der schon mit der Loupe auf den Gesteinsbruchflächen im Zusammenhang mit der Hornblende erscheinenden oft seidenglänzenden Parthien

---

[1]) Mikrosk. Beschaffenh. d. Min. u. Gest. S. 179. Auch Prof. Rosenbusch, dem ich einige Schliffe zur Ansicht sandte, bestätigte die Anwesenheit uralitischer Substanz und das erst neuerdings beschriebene Vorkommen ähnlicher Erscheinungen im Quarzdiorite von Quenast, von denen uns de la Vallée-Poussin und Renard in ihrer Arbeit über die: Roches plutoniennes de la Belgique etc. Bruxelles 1876 (gekrönte Preisschrift der Acad.) Kenntniss geben, wird von diesen gleichfalls als Uralit gedeutet.

[2]) Der Monzoni im südl. Tyrol. Bonn 1875. S. 18 ff.

an, welche Steininger als Diallag bezeichnete. Das Zusammenvorkommen von Hornblende und Augit hat schon Behrens[1]) für eine grössere Zahl von Dioriten nachgewiesen und auch vom Rath in den Gesteinen des Monzoni häufig gefunden. Aber die eigenthümliche Verknüpfung von Hornblende, Augit und uralitischer Substanz, wie sie in dem Gesteine von Kürenz erscheint, ist wenigstens nicht häufig und dürfte in der That nur in echten Uralitgesteinen und in jenen Gesteinen des Monzoni ihre Analogie finden, denen sich das Gestein von Kürenz auch in der Art der Mittelstellung zwischen diabasischer, dioritischer und augit-syenitischer Ausbildung am nächsten anzureihen scheint[2]).

Hieran knüpft sich am Besten auch die Besprechung der als Viridit bezeichneten Zwischenmasse, da diese zu den vorher besprochenen Gemengtheilen in einer ersichtlichen genetischen Beziehung steht. Rosenbusch[3]) erwähnt in den von ihm untersuchten Uralitgesteinen ein weiteres Stadium der Umwandlung des Uralites, das auch ich in den Gesteinen von Pyschminsk im Ural und von Viczena im Fassathale in völliger Uebereinstimmung mit seinen Angaben constatiren konnte. Die parallelfasrigen Aggregate, welche zwischen Augit und Hornblende oder diese umgebend erscheinen, sind, wie sich an deutlichen, oft in den feinsten Nüancirungen verfolgbaren Uebergängen nachweisen lässt, mit lichtgrün gefärbten aber abweichend sich verhaltenden Stellen in den Dünnschliffen verknüpft. Die Querschnitte mancher Hornblendeform sind ganz erfüllt mit dieser blassgrünen, aber weder dichroitischen noch parallelfasrigen (hierdurch also von Uralit bestimmt zu trennenden) sondern durchaus verworren fasrig oder schuppig erscheinenden Substanz, die, wie schon Rosenbusch angibt, sehr fein fasrige Aggregate darstellt, die sich bei gekreuzten Nicols fast wie ein isotroper Körper verhalten.

---

1) l. c.
2) In keinem zweiten der von mir untersuchten Gesteine dieses Gebietes fand ich die Verwachsung von Hornblende, Uralit und Augit, wie sie in dem Gesteine von Kürenz vorkommt.
3) Physiographie S. 317.

Sie erscheinen zwar nicht vollkommen dunkel, sondern mit einem tiefdunkelblauen, fast schwarzen Farbenton von helleren Lichtstrahlen je nach Lage der Faserung durchzogen. Die Auslöschungsrichtungen scheinen parallel der prismatischen Längsrichtung zu liegen. Aber dennoch könnte man wohl hin und wieder geneigt sein, solche Stellen für Glasmasse zu halten, wie das vielleicht für einige dieser Vorkommnisse Behrens gethan haben mag. Vogelsang schuf in dem Namen: Viridit eine Bezeichnung dieser verbreiteten Substanzen, die weder genetisch, noch ihrer Zusammensetzung nach genauer bestimmbar schienen und auch wohl nicht in allen Fällen die gleichen sein mögen. In dem vorliegenden Gesteine ist wenigstens das eine unverkennbar, dass diese grüne Substanz auch da, wo sie nicht in regelmässigen Querschnitten der Hornblende, sondern ganz nach Art der Glasmasse in andern Gesteinen als wirkliche Zwischenklemmungsmasse auftritt, dennoch wie jene ein blosses Umwandlungprodukt ist und die ganz gleiche Beschaffenheit besitzt. Das Verhältniss dieser zwischengeklemmten Viriditpartien ist in der That ein recht eigenthümliches. Sie erscheinen oft zwischen den scharfrandigen Plagioklasprismen je nach der Zahl der begrenzenden Plagioklasleisten regelmässig dreiseitig oder unregelmässig polygonal. Sehr constant erscheint ihre Association mit den im Gesteine sichtbaren Kalkspathkörnern. In einer ganzen Reihe solcher Viriditpartien bildet der Kalkspath den Kern und die grüne Zone umgibt ihn. Mit der Zunahme der viriditischen Substanz in diesem Gesteine hält das reichlichere Auftreten des Kalkspathes vollkommen gleichen Schritt. In der meist umgewandelten, feinkörnigsten Varietät des Gesteines, in dem der Viridit so vollkommen überwiegt, dass nur noch Reste trüben Feldspathes, aber von Hornblende und Augit keine Spur mehr wahrzunehmen ist, erscheint im Innern grösserer Viriditpartien der Kalkspath auch in deutlichen Rhomboëdern mit der Doppelstreifung seiner Spaltbarkeit und seiner Zwillingsverwachsung versehen, was sonst in den kleineren zerstreuten Körnern nicht wahrzunehmen ist. Es geht sonach ersichtlich die Zunahme und vollkommnere Ausbildung des kohlensauren Kalkes mit dem Vorherrschen der Viriditsubstanz Hand in Hand.

Da die Dünnschliffe einzelner Handstücke des Gesteines von Kürenz, welche durch die fast gleichmässige malachitgrüne Färbung auch äusserlich ausgezeichnet sind, unter dem Mikroskope erkennen lassen, dass sie fast nur aus Viridit und Kalkspath bestehen, so schienen diese Handstücke geeignet, durch analytische Untersuchung einen Schluss auf die chemische Zusammensetzung dieses grünen Umwandlungsproduktes zu ermöglichen. Allerdings machte es die äusserliche Identität mit andern ähnlichen Produkten schon von vornherein wahrscheinlich, dass die Substanz eine delessit- oder serpentinartige sei. Runde, schon mit blossem Auge sichtbare, mit tiefgrüner Farbe im Schliffe durchscheinende Parthien in einem von mir untersuchten Diallaggestein aus dem Serpathal bei Schio nördlich von Vicenza[1], gleichfalls durchaus apolar und in der That wie Glasmasse im Dünnschliffe sich verhaltend, ergaben sich bei einer chemischen Prüfung lediglich als Serpentin, dort wohl aus zersetztem Olivin hervorgegangen, wie das zuerst schon G. Rose[2] auch in andern Diallaggesteinen erkannt hatte. Immerhin aber erschien es für den vorliegenden Fall erwünscht, die Natur der Viriditsubstanz näher festzustellen.

Eine durchaus malachitgrüne Partie des Gesteines wurde gepulvert und zunächst durch Behandlung mit Essigsäure der Kalkspath extrahirt. Dieses ergab einen Gehalt an Carbonat von 10,63%. Der in Essigsäure nicht lösliche Rest wurde mit Salzsäure in der Kälte digerirt und hierdurch wurden fernere 42,23% ausgezogen. Der nun übrigbleibende Rest erweist sich als ein weisses Pulver, das sich unter dem Mikroskope als aus grösstentheils trüben Partikelchen bestehend ergab, von denen jedoch einzelne an der bunten Streifung im polarisirten Lichte als Plagioklasreste zu erkennen waren. Vor dem Löthrohre gab das Pulver starke Natronreaction. Die Annahme, dass der in

---

[1] Z. d. d. geol. Ges. 1873. XXV. S. 336.
[2] Z. d. d. geol. Ges. 1867. XIX. S. 285.

Salzsäure gelöste Theil, wesentlich das grüne Mineral enthalte, erschien somit nicht ungerechtfertigt; die Analyse dieses Theiles wurde durchgeführt.

Sie ergab die unter I aufgeführten Werthe. Unter II sind die von Steeg bei seiner Bauschanalyse des Gesteines erhaltenen Zahlen mitgetheilt, die, wie das aus dem hohen Gehalte an kohlensaurem Kalke ersichtlich ist, an einem gleichfalls zersetzten Materiale ausgeführt wurde.

|  | I. | II. |
|---|---|---|
| $SiO_2$ | 35,73 | 51,44 |
| $Al_2O_3$ | 15,32 | 16,52 |
| $Fe_2O_3$ / $FeO$ | 22,56 | 8,31 |
| $CaO$ | 3,82 | 6,50 |
| $MgO$ | 13,26 | 6,63 |
| $K_2O$ | | 4,10 |
| $Na_2O$ | 9,31 Differenz | 2,46 |
| $H_2O$ | | 0,20 |
| $CO_2$ | — | 3,84 |
|  | 100,00 | 100,00 |

Der Wassergehalt des zu Analyse I verwandten Gesteines wurde auf 3,52 % bestimmt.

Nach dem Ergebnisse der Analyse ist sonach der Viridit in dem Gesteine von Kürenz kein eigentlicher Serpentin, sondern schliesst sich seiner Zusammensetzung nach am nächsten an den Delessit oder auch das Diabantachronnyn Liebe's[1]) an. Je nachdem man annimmt, dass an dem höheren Gehalte an Kieselsäure, an der Thonerde und dem Kalke mehr oder weniger Feldspathsubstanz noch Antheil hat, welche mit in Lösung übergegangen ist, wird er sich der einen oder anderen dieser Varietäten fast als identisch erweisen. Bei der grossen Reihe der einerseits in Magnesiasilicat, dem Serpentin, andererseits in Eisenoxydulsilicat, dem Chlorophäit ausgehenden Zersetzungsprodukte solcher Gesteine, deren Gemengtheile vorzüglich Augit, Hornblende oder Olivin sind, erscheint es kaum we-

---

1) Jahrb. f. Min. 1870. S. 1 ff.

sentlich, ein solches Umwandlungsprodukt mit dem einen oder andern der schon untersuchten Mineralien dieser Art vollständig zu identificiren, da es zudem nicht wahrscheinlich ist, dass ein ganz gleiches Produkt in verschiedenen Gesteinen sich finde. Aber wenn, wie dieses Liebe für das erwähnte Diabantachronnyn wenigstens nachgewiesen hat, dennoch für eine bestimmte Gesteinsklasse und ein gemeinsames Gebiet eine gewisse Constanz in der Zusammensetzung solcher Produkte obzuwalten scheint, so möchte es auch hier gerechtfertigt sein, zu schliessen, dass der Viridit der Hornblende- und Augitreichen Gesteine dieses Gebietes allgemein eine nahezu mit Delessit übereinstimmende chemische Constitution besitze[1]). Immerhin liegt, wie das Nöggerath richtig vermuthet hat, eine dem Serpentinisirungsprocess verwandte Umbildung vor; denn auch die aus der Zersetzung thonerdehaltiger Augite und Hornblenden hervorgehenden Serpentine sind durch einen mehr oder weniger bedeutenden Thonerdegehalt charakterisirt[2]).

Blutrothe Punkte und Flecken von Eisenoxyd, gelbe mit rothen Punkten durchsprenkelte Parthien von Eisenoxydhydrat sind deutliche Zeichen, dass die Wandelung in den Viriditpartien noch keine abgeschlossene ist.

In einigen Dünnschliffen, vorzüglich der recht frischen Varietät, erscheinen ganz nach Art der zwischengeklemmten Viriditpartien der umgewandelten Varietät, farblose, feinfaserige, filzartig dicht verwobene Einlagerungen, vollständige Knäuel bildend, von deren äusserem Umfange aus einzelne feine und mitunter sehr lange, wellig gebogene oder geknickte Fäden in die diese Knäuel einklemmenden Feldspathe hinein reichen. Einzelne kleinere Bündel solcher Nadeln liegen vielfach in den Schliffen zerstreut. Die dicht verfilzten Aggregate erscheinen milchig trübe, fast opak, aber einzelne grössere Nadeln lassen eine lebhafte chromatische Polarisation wahrnehmen und zeigen die schiefe Lage der Auslöschungsrichtungen zu der Längsaxe

---

1) Dass in einigen Gesteinen auch Helminth der chloritische Bestandtheil ist, wird später erwähnt werden.

2) Vergl. auch was Dathe: Z. d. d. geol. Ges. XXVI. 1874. S. 10, über die Natur des Viridites in sächs. Diabasen sagt.

der Nadeln. Einige dieser Aggregate sind zu radialstruirten Sphärolithen gruppirt und zeigen dann auch das solchen Concretionen eigenthümliche, auf dem radialfasrigen Bau beruhende dunkle Kreuz bei gekreuzten Nicols. Ich möchte diese fein nadelförmigen Aggregate für Asbest oder wenigstens ein asbestartiges Mineral halten, auch sie lassen Uebergänge in Viridit erkennen und an einigen Stellen ist es unzweifelhaft, dass der letztere sich auf Kosten jener gebildet hat. Aber auch dort, wo jene Nadeln schon von grüner Farbe und daher wohl mit Viridit zu verwechseln sind, unterscheidet sie die abweichende Polarisation und Lage der Auslöschungsrichtungen auf das Bestimmteste. Ob es aber ursprüngliche Bildungen sind, das wage ich nicht zu entscheiden.

Zahlreicher als man es nach dem makroskopischen Befunde vermuthen sollte, erscheinen z. Th. grosse tombakbraune Blätter von Biotit. Von der ganz gleichfarbigen Hornblende sind dieselben am besten dadurch zu unterscheiden, dass die jeden Zeichens von Spaltbarkeit entbehrenden basischen Blätter gleichzeitig ohne Spur von Dichroismus sind. Bei den mehr oder weniger parallel der Hauptaxe durchschnittenen Biotitblättern, oft den lamellar, schilfig ausgebildeten Hornblendequerschnitten ganz ähnlich, lässt der entschieden stärkere Dichroismus, der aus lichtgelb in schwarzbraun übergeht, dennoch eine Unterscheidung fast immer unzweifelhaft zu. Auf das sicherste entscheidet natürlich die Lage der Auslöschungsrichtungen. In ähnlicher Art wie die Hornblende, bilden auch Biotitblätter einen Saum um die einen Augitkern einschliessenden uralitischen Aggregate. Ebenso erscheint der Biotit mit Viridit vielfach örtlich verknüpft.

Das Titaneisen erscheint in dem vorliegenden Gesteine in durchaus charakteristischen Formen, nicht gerade reichlich, aber in einzelnen grösseren Krystallen, die in den Querschnitten deutlich die Combination von $R$ und $-\frac{1}{2}R$ erkennen lassen. Daneben erscheinen lange Leisten, die Querschnitte tafelförmiger Krystalle, von denen einige an den beiden Enden hakenförmig nach oben und unten umgebogen erscheinen. Alle Krystalle des Titaneisens zeigen die gewöhnliche Umwandlung in eine gelblichweisse, opake oder an den Rändern nur durchscheinende Substanz, welche von den äusseren Grenzen eines Querschnittes aus nach und nach die Substanz des Titaneisens zu verdrängen scheint, so dass dieses oft nur als schwarzer Kern oder auch in skelettartig arrangirten Leisten übrig bleibt, welche in einzelnen Fällen den Rhomboëderkanten parallel gehen (Taf. IV, Fig. 3). Somit erfolgt die Umwandlung wohl auch von den rhomboëdrischen Spaltungsdurchgängen aus. Die ganze Erscheinung ist eine so charakteristische, dass darin ein vortreffliches Erkennungsmittel für das Titaneisen gegeben ist, wie das besonders auch schon Dathe[1] hervorgehoben hat. Wir werden noch bei der Besprechung des Amphibolites von Olmuth, in dem die Umwandlungsstadien des Titaneisens wohl am weitesten fortgeschritten und am besten zu verfolgen sind, darauf zurückkommen und an der Stelle auch unsere Ansicht über die Natur des Zersetzungsproduktes darlegen. Magnetit, wofür ich nur die mit entschieden braunrothem Zersetzungshofe umgebenen schwarzen Körner halten möchte, ist nur sehr sparsam vorhanden.

Quarz scheint als ursprünglicher Bestandtheil in diesem Gesteine fast ganz zu fehlen, wo er sichtbar ist, meist in den umgewandelten Varietäten, erscheint er so, dass seine secundäre Bildung wahrscheinlich ist.

Sehr reichlich ist dagegen der Apatit vorhanden. Er erscheint wie gewöhlich in langen Prismen oder in hexagonalen, basischen Querschnitten, sehr oft einen dunklen Kern umschliessend. Vorzüglich durchspicken die Apatite die Feldspathe, fehlen jedoch auch in der Hornblende, dem Titaneisen und dem Viridit nicht, durch welchen manchmal eine lange Nadel quer geradezu hindurchsetzt. Auch das scheint nicht für die Annahme zu sprechen, dass die zwischengeklemmten Viriditpartbien etwa nur umgewandelte Glasmasse seien. In manchen Feldspathen erscheint der Apatit regelmässig nach der Richtung der vollkommensten Spaltbarkeit eingeschaltet, es liegen oft in einem Krystalle 20—30 Apatitquerschnitte.

---

[1] l. c. S. 26; später auch viele Andere.

Der Kalkspath erscheint reichlich in den umgewandelten Varietäten des Gesteines überall mit allen Anzeichen eines secundären aus der Umwandlung selbst hervorgehenden Produktes. Zuerst erscheint er in winzigen Körnchen durch die Feldspathe zerstreut, vorzüglich deren Aggregatpolarisation bewirkend; dann zeigen sich auch einzelne scharfrandige Rhomboëder mitten in dem Feldspath. Es bilden sich krystallinischkörnige Aggregate, diese meist als Kern einer dieselbe umschliessenden Zone von Viridit, welche dann die concave Seite ihrer rundfasrigen Aggregate dem Kalkspathe zukehren. Das scheint sie als jüngeres Produkt zu charakterisiren. In den meist umgewandelten Stellen des Gesteines wird das Centrum solcher Viriditpartien auch wohl durch ein einziges, grösseres Kalkspathindividuum gebildet. Dann tritt neben der Spaltbarkeit auch die Streifung der Zwillingsverwachsung hinzu. Ein solches Kalkspathrhomboëder war ausgezeichnet durch einen grossen Reichthum an Flüssigkeitseinschlüssen, kleinere und grössere, erstere z. Th. mit lebhaft beweglichen Libellen, eine Erscheinung, die beim Kalkspathe nicht gerade häufig ist. Die Form der Einschlüsse war übereinstimmend die des Rhomboëders, oft scharfeckig, oft abgerundet. Diese negativen Rhomboëder liegen in Reihen zahlreich hintereinander und zwar parallel den rhomboëdrischen Spaltungslinien.

Nirgendwo in den Dünnschliffen erscheint der Kalkspath so, dass man an eine primäre Bildung desselben denken könnte.

Der Epidot, den wir sonst in mehreren verwandten Gesteinen dieses Gebietes recht reichlich fanden, ist hier nur äusserst spärlich zu beobachten.

Wenn das Vorhandensein von Plagioklas und Hornblende auch gestatten, das Gestein von Kürenz als einen Diorit zu bezeichnen, so erscheint doch das Auftreten des mit uralitischer Substanz verknüpften Augites und das reichliche Vorkommen des Glimmers neben diesen, demselben eine Mittelstellung zwischen echten Dioriten, Diabasen und Glimmerdioriten zuzuweisen. Darin dürfte dieses Gestein sich den Monzonigesteinen nähern, deren treffliche Schilderung wir vom Rath[1]) verdanken. Durch das Eintreten des Orthoklas hat es wie diese oft eine augitsyenitische Ausbildung. Auch bietet das Gestein manche Analogie mit dem schönen Quarzdiorite von Quenast und Lessines in Belgien, dessen petrographische Beschreibung wir durch die schon im Vorhergehenden erwähnte Arbeit der Herren de la Vallée und Rénard erhalten haben. Nach dem Vorgange von F. J. Wilk würde für dieses Gestein der Name Diorit-Diabas passend erscheinen, womit jener Forscher Gesteine von Helsingfors, Ersby u. a. O. belegt, in denen Augit und Hornblende, sowie uralitische Substanz gleichzeitig vorzukommen pflegen[2]). Nach Gümbel würde das Gestein wohl der von ihm mit dem Namen Proterobas belegten Gruppe einzureihen sein. Gerade diese Mittelstellung des Gesteines von Kürenz lässt dasselbe als den besten Ausgangspunkt zur Charakterisirung der übrigen verwandten Gesteine dieses Gebietes erscheinen[3]).

## 2. Amphibolite.

An einzelnen Punkten im oberen Ruwerthale, welches etwas unterhalb Trier mit südnördlicher Richtung in die Mosel mündet, sowie weiter westlich im Wadrillthale bei Wadern treten auch echte Hornblendeplagioklasgesteine auf, z. Th. fast als hornblendereiche Amphibolite, z. Th. als echte Diorite ausgebildet.

### a. Amphibolit von Olmuth.

Das charakteristischste dieser Gesteine ist das von Olmuth im oberen Ruwerthale, etwa 2 Meilen s. s. ö. von Trier, hier eine wenig mächtige gangförmige Einlagerung in devonischen Schiefern bildend.

Das Gestein erscheint an den mir vorliegenden Handstücken äusserlich ziemlich frisch, von dunkelgraugrüner Farbe. Auf den Bruchflächen treten deutlich zahlreiche,

---

1) l. c.
2) Jahrb. 1876, S. 209.
3) Rosenbusch, der des Gesteines von Kürenz S. 333 seiner „massigen Gesteine" Erwähnung thut, nennt es dort gleichfalls ein polytropes Gestein.

grüne Hornblendekrystalle mit der vollkommnen Spaltbarkeit hervor, die den grössten Theil der Gesteinsmasse ausmachen. Neben diesen erscheinen etwas fettglänzende, unregelmässig contourirte, grüne Körner einer chloritischen Substanz, oft die Hornblendekrystalle umsäumend oder zwischen denselben eingeklemmt. Nur wenig weissgrüne Feldspathleisten, schwarze Körner von Titaneisen, einzelne Quarzkörner und lebhaft glänzende kleine Kryställchen von Pyrit sind ausserdem wahrzunehmen.

Das Mikroskop lässt folgende Gemengtheile erkennen: Plagioklas, Amphibol, Viridit, Titaneisen, Biotit, Epidot, Quarz, Kalkspath, Pyrit, Apatit.

Der Feldspath ist im Vergleiche zur Hornblende nur untergeordnet vorhanden, wenngleich das Mengungsverhältniss in den verschiedenen Schliffen nicht das gleiche scheint. Er ist durchweg von sehr trüber Beschaffenheit, lässt aber immer noch die Zwillingsstreifung deutlich erkennen. Die Messungen der Winkel der Auslöschungsrichtungen ergaben in solchen Querschnitten, die nach rechts und links fast die gleiche Schiefe dieser Richtungen zeigen, Werthe, die von $22^\circ - 24^\circ$ schwanken. In einzelnen Querschnitten wurde der Winkel der Auslöschungsrichtung zur Zwillingsgrenze ziemlich genau nach beiden Seiten zu $11\frac{1}{2}^\circ$ gefunden. Ganz übereinstimmend aber ergaben die Messungen etwas kleinere Werthe, als bei den Plagioklasen in dem Gesteine von Kürenz.

Die Hornblende ist ebenfalls nach Farbe und Beschaffenheit von der in jenem Gesteine ganz verschieden. Sie ist von ganz blassgrüner Farbe, oft fast farblos und zeigt daher auch nur einen schwachen Pleochroismus, dessen Farben etwa a. blassgrün, b. lichtgelb, c. graugrün sind. Die an Durchschnitten nach der Symmetrieebene gemessenen Winkel der Auslöschungsrichtung und der Prismenaxe wurden zu nahe $15^\circ$ gefunden. Die deutliche Spaltbarkeit der Hornblende lässt aber an den meisten Querschnitten auch ohne die optische Prüfung keinen Zweifel an der Richtigkeit der Deutung zu. Ausser grösseren Hornblendequerschnitten erscheinen auch Aggregate dünner Hornblendenadeln, schilfige, oft wellig gebogene Lamellen, immer an dem schwachen Dichroismus und den Polarisationserscheinungen zu erkennen. Diese schilfigen Aggregate erscheinen an den Rändern oft wie ausgefranst, in asbestartige Fäden sich auflösend. Aggregate solcher Fäden kommen auch im Innern einzelner Feldspathe des Gesteines vor. An Interpositionen sind besonders die grösseren Hornblendequerschnitte reich, besonders sind es Körner und Kryställchen von Epidot, die als secundäres Produkt in der Hornblende sich angesiedelt haben und sie z. Th. dicht gedrängt durchschwärmen. Davon wird noch später die Rede sein. Alle Hornblendekrystalle sind mehr oder weniger zersetzt und in Viridit verwandelt und da dessen Farbe kaum von der blassgrünen Farbe der Hornblende selbst abweicht, so lässt sich im gewöhnlichen Lichte kaum entscheiden, in wie weit man noch Hornblende- oder schon Viriditsubstanz sieht. Da die letztere nicht dichroitisch ist, so bedingt das den bei manchen Hornblendequerschnitten fast nicht wahrnehmbaren Pleochroismus. Die Anwendung der Nicols gibt aber immer die bestimmte Entscheidung. Die Viriditpartihien werden zwischen gekreuzten Nicols immer fast ganz dunkel, tiefblauschwarz, nur von einzelnen Lichtstrahlen durchzogen und bleiben so auch bei einer Horizontaldrehung des Schliffes, indem nur die Intensität des Lichtes etwas sich ändert. Dagegen polarisiren die Hornblendetheile sehr lebhaft und zeigen scharf die Auslöschungsrichtungen bei einer Drehung. So tritt dann bei gekreuzten Nicols eine aus unregelmässig begrenzten dunkeln und bunten Flecken gebildete prächtige Mosaik hervor. In derselben lässt die gleiche Orientirung aller zu einem Hornblendeindividuum gehörigen Theile diese in ihrer Zusammengehörigkeit erkennen, ganz so wie diese Verhältnisse bei manchen Olivinen im Serpentin zu beobachten sind. Oft scheint die Hornblendesubstanz fast ganz verschwunden. Es ist bemerkenswerth und zeigt, wie wenig gleichmässig in einem Gesteine die Umwandlungsprocesse sich vollziehen, dass neben solchen fast ganz zu Viridit umgewandelten Querschnitten der Hornblende auch solche von noch recht frischer, vollkommen aus Hornblendesubstanz bestehender Beschaffenheit sich finden.

Das Titaneisen ist in diesem Gesteine besonders reichlich und in vorzüglich charakteristischen Formen vorhanden und zeigt die bekannten Umwandlungserscheinungen in einer solchen Vollkommenheit, dass hier etwas näher auf dieselben eingegangen werden mag, wenngleich fast alle untersuchten Gesteine dieses Gebietes mehr oder weniger instructiv sind für das Studium dieser Erscheinung. Manche Querschnitte des Titaneisens, deren charakteristische Formen hier nicht erst genannt zu werden brauchen, sind im Innern noch vollkommen schwarz und zeigen im reflektirten Lichte noch bläulichen Metallglanz. Aber eine schmale, nierenförmig gestaltete, weisslichgraue, eigenthümlich opake Zone umgibt diese Kerne, die an einzelnen Stellen eine deutliche Einwirkung auf das polarisirte Licht zeigt. An andern Querschnitten ist die Umwandlung so weit fortgeschritten, dass nur mehr einzelne schwarzbraune im reflektirten Lichte nicht mehr glänzende Punkte in einer braungrauen eigenthümlich gekörnelten, opaken Masse liegen. Oft fehlen sogar diese letzten schwarzen Reste und nur die Anordnung der opaken, schwach durchscheinenden Masse, lässt noch die Skelettformen erkennen, die für das nächst vorhergehende Stadium charakteristisch sind. Zwischen diesen einzelnen Stadien sind alle möglichen Uebergänge zu beobachten. Dieselben sind vielfach beschrieben und besonders vortrefflich auch von Rénard in der schon citirten Arbeit abgebildet. In den Gesteinen dieses Gebietes ist besonders auch der Diabas von Hockweiler zum Studium des Titaneisens und seines Zersetzungsproduktes geeignet (Taf. IV, Fig. 3). Oft erscheinen die Lücken zwischen dem Titaneisen und den als Zersetzungsprodukt desselben charakterisirten Parthien mit Viridit gefüllt. Das gekörnelte Zersetzungsprodukt scheint dann auch wohl von der ursprünglich durch das Titaneisenkorn eingenommenen Stelle aus sich etwas auszubreiten, fort zu wandern, allerdings nur auf die nächste Umgebung hin. Hier pflegt sich dann an solchen Aggregaten ebenfalls der Anfang von Polarisationserscheinungen zu zeigen. Grössere, klarere, bräunliche Körner liegen in diesen, sie zeigen eine deutliche, wenn auch schwache Lichterscheinung bei gekreuzten Nicols und lassen bei einer Horizontaldrehung des Schliffes wechselnde Intensität der Helligkeit erkennen. Mit diesen Körnern, die nie irgend eine bestimmtere Form zeigen, liegen stets solche zusammen, die sehr lebhafte farbige Polarisationserscheinungen bieten, eine lichtere, gelbe Färbung und neben einer ebenfalls körnigen Beschaffenheit sehr oft deutliche Querschnitte von rhombischer, spitzkeilförmiger Gestalt besitzen. Diese sind Epidot. Farbe und Polarisationserscheinung lassen die beiden Arten, so durchaus ähnlich sie im gewöhnlichen Lichte aussehen, doch scharf von einander trennen. Das Umwandlungsprodukt des Titaneisens, Epidot und endlich auch Kalkspath, erscheinen oft zusammen als die Ausfüllung der Stelle, an der ein grösseres Titaneisenkorn gesessen. Das Zusammenvorkommen des Epidotes mit dem Zersetzungsprodukt des Titaneisens ist ganz allgemein in den von mir untersuchten Gesteinen. Auch die in den Hornblendequerschnitten liegenden Interpositionen sind z. Th. Epidot, wie ich schon erwähnte, z. Th. aber auch Körner, von der Beschaffenheit und der braungrauen Farbe jenes anderen Umwandlungsproduktes. Auf den eigenthümlichen Zusammenhang des Epidotes mit diesem machte auch schon Dathe[1]) in seiner Abhandlung über die Diabase aufmerksam.

In dieser Association scheint ein Hinweis auf die Natur dieses Zersetzungsproduktes zu liegen, das seiner Substanz nach bekanntlich noch nicht aufgeklärt ist. Es wurde von Sandberger für ein Titansilicat gehalten; Gümbel belegte es mit dem Namen Leukoxen und hielt es auch als selbständige Bildung für möglich, weil es oft jeder erkennbaren Reste von Titaneisen entbehrt, Cohen, Rosenbusch und ich selbst haben es als Titansäure in irgend einer Form angesprochen. Dabei ist die Thatsache festzuhalten, die ich selbst in diesen Gesteinen mehrfach durchaus bestätigen konnte, dass dieses Umwandlungsprodukt hie und da entschieden Doppelbrechung zeigt[2]). In Salzsäure und Schwefelsäure zeigt sich in Dünnschliffen keine wahrnehmbare Zersetzung.

---

1) Z. d. D. G. G. 1874. XXVI. S. 17.
2) Vergl. auch de la Vallée u. Renard l. c. S. 252 u. 253.

Es erscheint zur Lösung dieser Frage nicht ohne Interesse darauf hinzuweisen, was ein so vortrefflicher Kenner der Umwandlungserscheinungen der Mineralien, G. Bischoff[1]), über die Zersetzungsvorgänge des Titaneisens und die hierdurch etwa mögliche Deutung ihrer schwankenden Zusammensetzung in Bezug auf den so verschiedenen Gehalt an Eisenoxyd anführt. Er neigt sich der Ansicht zu, was hier für uns ohne Bedeutung ist, dass das in den meisten Titaneisen vorkommende Eisenoxyd als ein Produkt der höheren Oxydation des Oxyduls anzusehen sei. Jedenfalls sind bei einer solchen Zersetzung des Titaneisens drei Wege möglich. Es kann die höhere Oxydation des Eisenoxyduls ohne Ausscheidung der Titansäure vor sich geben, es kann die Titansäure weggeführt werden, ohne gleichzeitige Oxydation des Eisenoxyduls und endlich die Wegführung der Titansäure und die Oxydation erfolgt gleichzeitig und hierbei sind für uns die drei Modifikationen dieses letzteren Processes, die Bischoff anführt, gleichbedeutend. Im ersten und letzten der angegebenen Fälle muss sich Eisenoxyd ausscheiden. Wo wir in Gesteinen Titaneisenkörner, ähnlich wie es die Magnetitkörner fast immer zeigen, mit einem braunen Rande umgeben finden, oder wo das Zersetzungsprodukt den braunen Ton besitzt, kann einer dieser Fälle vorliegen. Dieses ist aber der weitaus seltenere Fall. Wenn aber bis zum Schlusse die schwarze Farbe des Kernes und die lichtgraue des Umwandlungsproduktes bleibt, dann kann wohl nicht an die Bildung von Eisenoxyd gedacht werden. Da scheidet sich also nur Titansäure aus und freies Eisenoxydul bleibt zurück oder geht gleichfalls in Lösung. Jedenfalls ergibt sich die Titansäure als das auch von blos chemischem Gesichtspunkte aus wahrscheinlichste, erste freiwerdende Produkt. Nun fragt es sich also, ob diese als solche in der Umgebung des Gesteines sich wieder absetzt und ob die zurückbleibende opake Substanz gleichfalls nur die ausgeschiedene und sich sofort wieder abscheidende Titansäure ist. Das würde dann Anatas oder Brookit erwarten lassen.

---

1) Geol. II. S. 946.

Da gibt nun das gleichzeitige Vorkommen von Epidot und Kalkspath noch eine andere Möglichkeit. Der Epidot bildet sich wesentlich auf Kosten der Hornblende (oder des Augites) und der Feldspathe aus der durch die Zersetzung dieser Mineralien freiwerdenden Kieselsäure, Thonerde und Kalk. Wie er in dem vorliegenden Gesteine in Beziehung zur Hornblende erscheint, so werden wir ihn in anderen Gesteinen auch in offenbarem genetischem Zusammenhange als Ansiedler auf und in Feldspath finden. Kalkspath erscheint stets mit dem Epidot innig verbunden. Warum sollte denn das erste Produkt der hier sich vollziehenden Umwandlung bei der Gegenwart von Kalk und freier Titansäure nicht auch ein Kalktitanat sein? Hier scheinen auch die schönen Versuche von Ebelmann zur Darstellung des Perowskites von Interesse[1]. Ebelmann löste in hoher Temperatur Titansäure in einem Alkalisilicate und kohlensaurem Kali auf und brachte dann ein Stück Kalkstein in die Masse. Dasselbe wandelte sich unter diesen Umständen fast ganz in Perowskit um. Der Perowskit zeigt bekanntlich Doppelbrechung und findet sich u. A. in nierenförmigen, honiggelben Massen in Chloritschiefer von Zermatt, welche gleichfalls Doppelbrechung zeigen.

Daher erscheint es eine durchaus natürliche und keinerlei Unmöglichkeiten voraussetzende Annahme, dass das erste Umwandlungsprodukt des Titaneisens ein Perowskitartiges Kalktitanat sei.

Wie sich aber im Epidot ein Kalkthonerdesilicat bildet, so könnte wohl auch aus der weiteren Umwandlung einer Verbindung des kieselsauren mit dem titansauren Kalke hervorgehen: der Titanit. In der That sind manche der in den Aggregaten des Umwandlungsproduktes liegenden grösseren Körner mit nichts anderm so recht zu identificiren, als mit dem Titanit. Nun hat Hautefeuille[2] schöne Krystalle von Titanit erhalten, indem er grobe Rutilstücke mit Kieselsäure und Chlorcalcium einen Tag lang erhitzte. Die Rutilreste bedeckten sich in diesem Falle mit Sphenkrystallen.

---

1) Compl. rend. XXXII. 710; Fuchs: Künstl. Min. S. 145.
2) Ann. chim. et phys. 41. IV. 154.

Wenn also das erste Umwandlungsprodukt ein einfaches Kalktitanat (Perowskit oder eine ihm nahestehende Substanz) ist, so würde als das Endprodukt dieser Processe Titanit angesehen werden können. Jedenfalls macht die Häufigkeit des Umwandlungsproduktes auch dort, wo kein Rest von Titaneisen mehr vorhanden ist, eine einfache Bezeichnung erwünscht. Um den Charakter einer überall aus dem Titaneisen hervorgehenden Neubildung zu bezeichnen, in der die Titansäure wesentlicher Bestandtheil ist, habe ich schon in einem Vortrage über diese Verhältnisse (Ber. der schles. Ges. 1876 Jan.) den Namen: Titanomorphit vorgeschlagen.

Unter einer Reihe von Dünnschliffen verschiedenartiger besonders titanitführender Gesteine, welche ich durchmusterte, um Analogien zu den gemachten Beobachtungen zu finden und die Beziehungen mancher Titanite zum Titaneisen aufzuklären, schien mir vor Allem der Dünnschliff eines Syenites von Hemsbach im Odenwald von Interesse. In demselben erscheinen zahlreiche deutliche Titanitkörner und mit diesen erweisen sich als vollkommen identisch weisse, deutlich, aber wenig auf das polarisirende Licht einwirkende Streifen einer gekörnelten Masse, die zwischen den Fugen der Glimmerblätter und auch in der Hornblende eingeschaltet erscheint z. Th. noch in direktem Zusammenhang mit Titaneisen oder titanhaltigem Magnetit. An anderen Stellen erscheint das Titaneisen selbst in schwarzen, undurchsichtigen Streifen ganz in der gleichen Weise zwischen den Glimmerblättern. Auch in dem Gestein von Olmuth sind einzelne Hornblendequerschnitte von solchen gekörnten Lagen von Titanomorphit eingefasst, die aus Titaneisen hervorgegangen sind. Es ist das überhaupt gewiss eine recht verbreitete Erscheinung. In den mir zum Vergleiche gütigst durch H. Rénard übersendeten Amphiboliten Belgiens z. B. denen von Rimogne, Etang, Laifur, Foye de la Commune kommen ganz ähnliche Dinge vor. In dem Amphibolit von Rimogne erscheint ein deutlicher Zwilling von Titanit unmittelbar auf dem zersetzten Titaneisen aufsitzend. Herr Rénard macht mir brieflich die Mittheilung, dass er in dem Diorite von Quenast Belgien, schon mit der Lupe sichtbar, schöne kleine Krystalle von Titanit auf Epidot und Kalkspath in einem kleinen Gange, der durch das Gestein hindurchsetzt, gefunden habe. Auch er hat das Zusammenvorkommen von Epidot und dem Zersetzungsprodukte des Titaneisens einigemale constatirt.

In allen untersuchten Gesteinen ist das stete Zusammenvorkommen des Titanomorphites und des Epidotes jedenfalls recht charakteristisch. Je mehr neben Epidot Titanomorphit und wirklicher Titanit erscheint, um so sparsamer erweist sich in vielen Dünnschliffen der Kalkspath.

Die Unangreifbarkeit durch Säuren hat allerdings der Perowskit mit der Titansäure gemeinsam; eine chemische Entscheidung ist mir noch nicht gelungen.

Der Epidot erscheint in dem Gesteine von Olmuth ziemlich reichlich, wenngleich nicht in grösseren Parthien. Körnige Anhäufungen sind immer Epidot und Titanomorphit durcheinander, manchmal wohl nicht mit Sicherheit zu trennen. Sonst hebt den Epidot seine lebhafte chromatische Polarisation stets recht hervor.

Quarz erscheint nur in einzelnen klaren Körnern, nicht sehr gross und unregelmässig gestaltet, aber reich an Flüssigkeitseinschlüssen. Pyrit ist immer deutlich an dem braunen Hofe und dem gelben Glanze im reflektirten Lichte zu erkennen; mit Titaneisen ist keine Verwechselung möglich (Fig. 3). Apatit in bekannter Form, nicht gerade reichlich.

Die grosse Analogie des Gesteines mit den von de la Vallée und Rénard als Amphibolite bezeichneten Gesteinen aus den Ardennen, deren vorher schon Erwähnung geschah, veranlasst mich, auch dieses Gestein als Amphibolit aufzuführen.

### b. Diorit von Willmerich.

Aus der Umgegend von Willmerich, nördlich vom Orte und von der Mühle am linken Ufer der Ruwer liegen mehrere Handstücke vor, die wohl von verschiedenen Stellen des auch schon auf der Dechen'schen Karte verzeichneten gangförmigen Vorkommens nördlich am Scheisingsgraben herrühren. Das Gestein ist ein körniges Gemenge von gelblichweissem Plagioklas, dessen trikline Streifung auf frischen Spaltungsflächen schon mit der Loupe sichtbar ist, und dunkelgrüner Hornblende, welche eine schuppige Beschaffenheit besitzt und fett glänzend ist. Ausser den beiden Bestandtheilen erscheinen vereinzelte helle, grünliche chloritische Blättchen und lebhaft glänzende Pyritwürfelchen. In einigen Handstücken erscheint die Ausbildung des Gesteines etwas flaserig, dünne Quarzschnüre durchziehen diese Stücke.

Unter dem Mikroskope zeigen sich: Plagioklas, Hornblende, Titaneisen, Epidot, Kalkspath, Viridit, Apatit, Pyrit, Quarz.

Der Plagioklas ist meist sehr trübe und vielfach mit Epidotkörnern durchzogen; er zeigt ganz die gleichen Verhältnisse wie im Gestein von Olmüth. Die gemessenen Winkel der maximalen Auslöschungsrichtungen schwanken zwischen 24° und 26°. Die Auslöschungsschiefe beiderseitig gegen die Zwillingsgrenze beträgt 12°—13°.

Auch die Hornblende erscheint nur in der blassgrünen Varietät mit allen Eigenthümlichkeiten, die wir für das Gestein von Olmüth hervorgehoben; sie ist wohl etwas stärker pleochroitisch. Der Winkel der Auslöschungsrichtung gegen die Prismenaxe in Querschnitten nach der Klinodiagonale beträgt auch hier nahezu 15°.

Das Titaneisen ist nur sparsam vorhanden, dagegen Epidot sehr reichlich. Besonders erscheinen auch in der Hornblende zahlreiche Epidotkörner mit scharfen rhombischen Querschnitten. Das Wachsthum der Epidotpartien lässt sich vollkommen verfolgen. Die einzelnen Körner fügen sich zu langstänglichen Aggregaten oder auch zu sternförmigen Gruppen aneinander. Solche Aeste oder Stäbe von Epidot bilden in einzelnen Hornblendeschnitten ein vollkommenes Netzwerk, ganz ähnlich wie die Serpentinschnüre im Olivin. In den grünen Viriditpartien erscheinen einzelne dunkle Kerne. Apatit ist nicht gerade reichlich. Der Pyrit erscheint im Dünnschliff in vollkommenen Pseudomorphosen, er ist ganz in braunrothes Eisenoxyd umgewandelt (Fig. 3). Die Schliffe, in denen die Quarzschnüre durchsetzen, zeigen das Gestein anscheinend mehr zersetzt. Einige Quarzschnüre sind beiderseitig von einer Zone feinfasrigen Calcites eingefasst, im allgemeinen ist das Gestein nicht reich an Calcit.

### c. Diorit von Winkelbornfloss bei Schillingen.

Dunkelgrünes feinkörniges Gestein, auf dessen Bruchfläche nur z. Th. lebhaft glänzende, zwillingsgestreifte Feldspathe sichtbar sind, dazwischen Hornblende und grüne chloritische Schüppchen.

Das Mikroskop erweist: Plagioklas, Hornblende, Epidot, Biotit, Calcit, Apatit, Titaneisen, Quarz, Pyrit.

Die Auslöschungsrichtungen der Plagioklaslamellen bilden mit der Zwillingsgrenze nach links und rechts Winkel von $12^0-13^0$. Die gemessenen Winkel der Auslöschungsrichtungen gehen im Maximum bis $29^0$. Die Hornblende ist von der gleichen Beschaffenheit wie in dem Gesteine von Olmuth, die Schiefe der Auslöschung beträgt auch für sie $15^0$ nahezu. Das Gestein ist ausserordentlich epidotreich. Der Epidot bildet z. Th. Krystalle von scharfer Umgrenzung, mehrfach etwas langgezogene Hexagone zeigend, was auf die gewöhnlich vorkommende einfache Combination: $oP . \infty P\infty . P\infty . P$ deutet. Aggregate von Epidotkörnern z. Th. auch schon polygonale, meist rhombische Formen zeigend, bilden sternförmige Gruppen oder lange Aeste, oft mit Seitenzweigen. In der Regel markirt eine dunklere, braune Farbe das Centrum solcher Aggregate (Taf. III, Fig. 1). Das Gestein ist stellenweise so reich an Epidot, dass die Möglichkeit der Bildung von Epidotgesteinen aus dioritischen Gesteinen kaum zweifelhaft erscheint.

Der Biotit erscheint in der Form kleiner Bündel und radialstrahliger Büschel von braungelber Farbe, deren feinfaserige Struktur mit starkem Pleochroismus und auffallender Absorption recht charakteristisch ist. Mit dem Epidot und den Viriditpartbien erscheinen diese zierlichen Garben und Strüsse von Glimmer stets in engem Verbande und dürften sonach wie jene wohl für eine secundäre Bildung gelten. Oft umsäumen sie die Viriditpartbien, so dass sie nach allen Seiten wie auf dem grünen Boden dieses Zersetzungsproduktes aufgewachsen scheinen (Fig. 1). Ganz dieselben Glimmerbündel finden sich nur noch in einem der untersuchten Gesteine, dem Diabas von Kellenbach. Sie werden selten grösser, aggregiren sich aber wohl zu dichten Haufen, die dann in der Struktur chloritischen Aggregaten gleichen.

Das Titaneisen und Titanomorphit erscheinen in derselben Form wie in den vorhergehenden Gesteinen. Quarzkörner sind nicht selten, Kalkspath ist in körnigen Aggregaten vorhanden. Der Kalkspath steckt hier zuweilen mitten in den Resten des Titaneisens drin.

Das Gestein kann wohl als ein Quarzdiorit bezeichnet werden.

### d. Diorit von der Grimburg bei Wadrill.

In dem dunkelgrünen, sehr feinkörnigen Gesteine lassen sich mit der Loupe kleine Leisten grünlichen Feldspathes, zwischen der vorherrschend aus Hornblende und chloritischer Substanz in inniger Mischung bestehenden Gesteinsmasse erkennen. Viele glänzende Körner von Pyrit, z. Th. deutliche Würfelchen, treten auf den Bruchflächen hervor.

Das Mikroskop erweist: Plagioklas, Hornblende, Viridit, Epidot, Biotit, Titaneisen, Titanomorphit, Calcit, Apatit, Pyrit.

Der Feldspath, ausschliesslich Plagioklas, ist fast ganz in ein unregelmässiges Aggregat von Viridit, Epidot und Calcit verwandelt und wenn auch an einzelnen Leisten noch die trikline Zwillingsstreifung wahrnehmbar ist, so geben doch die meisten Querschnitte nur Aggregatpolarisation. Die Hornblende ist von derselben lichtgrünen Beschaffenheit, wie in den vorhergehenden Gesteinen, vorherrschend feinschilfige, aus vielen Mikrolithen sich componirende Formen. Der Epidot ist besonders reichlich; er durchzieht in Schnüren die grösstentheils in Viridit umgewandelte Hornblende, besonders aber erscheint er auch als ein aus lauter einzelnen Körnern bestehender Saum, regelmässig die Feldspathleisten einfassend (Fig. 3) und in den Feldspathen selbst. Die im Innern der Feldspathe liegenden Epidotkörner sind in der Regel zu Schnüren aggregirt, die der Zwillingsgrenze parallel liegen. Mit ihm treten vereinzelt auch braune Biotitbündel und Sterne auf, wie sie in dem

Diorit von Winkelbornfloss beschrieben wurden. Calcit ist sehr reichlich in körnigen Aggregaten vorhanden.

### e. Diorit von Paschel bei Zerf.

Das Gestein zeigt eine rundkörnige, kokkolithische Struktur z. Th. bedingt durch das Auftreten von eisenschüssigen, braunen Flecken in der schmutzig grünen, etwas flaserigen, hornblende- und chloritreichen Gesteinsmasse. Dieselbe ist ausserdem durchzogen von rothen, z. Th. metallisch glänzenden Adern von Hämatit.

Das Mikroskop erweist: Plagioklas, Hornblende, Viridit, Quarz, Titaneisen, Titanomorphit, Epidot, Hämatit, Nadeleisen, Apatit, Calcit.

Feldspath und Hornblende verhalten sich ganz wie in den vorhergehenden Gesteinen, beide erscheinen in einer fortgeschrittenen Umwandlung. Die Hornblende zeigt in den noch erkennbaren Resten schilfige Formen. Die Schiefe der Auslöschungsrichtung ergab 13°—15°. An ihre Stelle sowie an die Stelle des Feldspathes ist jedoch grösstentheils Viridit getreten. Ziemlich viel Quarz; reichlich Calcit in deutlichen Rhomboëdern.

Der Eisenglanz, in viel verzweigten Adern durch die Schliffe hindurchziehend, bildet dichte Aggregate, die wie aus lauter kleinen Stacheln und Stäbchen zusammengesetzt scheinen. Im reflektirten Lichte metallisch glänzend, zeigen sie in dünnen Blättern im durchfallenden Lichte eine lebhafte blutrothe Farbe. Braune z. Th. gelblich gesäumte, radialfasrige Parthien, entsprechend den braunen runden Flecken, die schon makroskopisch sichtbar sind, wurden für Nadeleisenerz gehalten, dem auch ein Theil der schwarzen Nadeln vielleicht angehören mag. Diese Anhäufungen von Eisenoxyd in verschiedener Form sind wohl aus der Umwandlung von Pyrit hervorgegangen.

### f. Gestein von Schoden a. d. Saar.

Die vorliegenden Stücke dieses Gesteines erscheinen nicht frisch. Sie haben eine unvollkommene, flasrige Struktur; in einer graugrünen, dichten Gesteinsmasse treten rothe, eisenschüssige Punkte und Nester hervor. Röthliche oder goldgelbe Adern von eisenschüssigem Quarze setzen durch die Stücke hindurch.

Das Mikroskop erweist: Plagioklas, viel Viridit, Calcit, Epidot, Pyrit, Quarz.

Die weit fortgeschrittene Umwandlung des Gesteines tritt in Dünnschliffen sehr deutlich hervor. Der Plagioklas ist vollkommen trübe geworden und erfüllt mit Viridit und einem körnigen Gemenge von Calcit und Epidot. Von Hornblende sind keine bestimmbaren Reste mehr vorhanden, an ihre Stelle ist fasriger Viridit getreten, der reichlich durch die ganze Gesteinsmasse verbreitet ist. Das Gestein ist sehr reich an Calcit. Die Anhäufungen desselben nehmen häufig bestimmte Gestalt an und erweisen sich als Aggregate von Rhomboëdern, denen aber die Zwillingsstreifung durchaus fehlt, so dass man sie hiernach vielleicht auch zum Dolomit stellen könnte. Sie sind mit einer braunen Rinde von Eisenoxyd umhüllt (Fig. 8). Die meisten der makroskopisch sichtbaren eisenschüssigen Flecken sind solche Calcitaggregate. Epidot erscheint nur in kleinen Körnern, nicht in grösseren Aggregaten. Titaneisen scheint zu fehlen oder verschwunden zu sein, der Pyrit ist grösstentheils zersetzt und in braunrothes Eisenoxyd umgewandelt; kleine, klare Quarzkörner sind ziemlich reichlich durch das Gestein verbreitet. Wenn auch an den vorliegenden Stücken der bestimmte Nachweis nicht erbracht werden kann, dass wirklich ein umgewandeltes dioritisches Gestein vorliegt, so erscheint das doch, besonders durch die nahe Uebereinstimmung mit dem Gesteine von Paschel ziemlich ausser Zweifel.

### 3. Pyroxenite.

Die Augit-Plagioklasgesteine treten anscheinend in dem vorliegenden Gebiete noch häufiger auf, als die Hornblendegesteine. Sie gehören vorzüglich der Gruppe der Diabase an, für welche einzelne Vorkommen als geradezu typische Beispiele gelten können. Daneben aber erscheinen ebenfalls zahlreich Melaphyre. Während zum Diabas alle Gesteine des vorliegenden Mineralgemenges gerechnet werden, die eine vollkommene körnige Ausbildung zeigen, ohne dass eine eigentliche Grundmasse im Gegensatze zu den vollkommen individualisirten krystallinischen Mineralien vorhanden ist, werden zum Melaphyr alle solche Gesteine gestellt, die einen porphyrischen Habitus besitzen und gleichzeitig Olivin führen. Die Olivinfreien porphyrischen Gesteine dieser Gruppe, die Diabasporphyrite scheinen nur ganz vereinzelt vertreten zu sein, während die olivinführenden Diabase ganz fehlen, dagegen weiter südlich im Gebiete der Nahe jedenfalls nachgewiesen und z. Th. dort zu den Melaphyren gerechnet worden sind, von denen sie, da der Nachweis einer vollkommen fehlenden Grundmasse besonders bei solchen z. Th. umgewandelten Gesteinen nicht immer leicht ist, dann auch nur schwer zu unterscheiden sind.

## A. Diabase.

### a. Diabas von Kellenbach.

Das einzige Gestein aus der Reihe der Diabase, welches seine durchaus körnige, granitische Struktur auch schon makroskopisch deutlich zeigt und darin der grobkörnigsten Varietät des Gesteines von Kürenz vollkommen gleicht, ist das von Kellenbach, 1 Meile südlich von Gemünden im Simmerthale, Reg.-Bez. Coblenz. Es ist eines der am weitesten südöstlich gelegenen Gesteinsvorkommen dieser Art und vermittelt, wenn man so sagen will, den Uebergang zu den zahlreich auftretenden Grünsteinzügen des rechtsrheinischen Taunus und des Gebietes, auf dem wir Laspeyres folgen können. Auf der Karte des Herrn von Dechen sind in der Nähe von Kellenbach mehrere Grünstein- und Gabbrogänge angegeben, die letzteren südlich, während das vorliegende Gestein von einem der nördlich gelegenen Gänge stammen soll.

Das Gestein stellt sich makroskopisch als ein Gemenge von Plagioklas, Augit, chloritischer Substanz und Magnetit dar. Die Plagioklase bilden oft 2—3 mm breite und bis zu 5 mm lange Leisten, oft lebhaft und frisch glänzend, mit deutlicher trikliner Streifung. Die Feldspathe zeigen fast alle eine zonenweise verschiedene Färbung, äusserlich röthlich, im Innern grüngelb oder tiefgrün. Der grüne

Kern ist dann genau parallel der äusseren Umgrenzung
und setzt scharf gegen die röthliche Hülle ab. Dass eine
Verwachsung zweier Feldspathe hier nicht vorliegt, erkennt man schon daran, dass die Zwillingsstreifung an einzelnen Leisten gleichmässig über die verschieden gefärbten
Zonen fortsetzt. Dass es nur eine Umwandlungserscheinung
des Feldspathes ist, z. Th. mit der Bildung von Viridit,
z. Th. mit der von Epidot zusammenhängend, bestätigt
vorzüglich der mikroskopische Befund, aber auch schon
makroskopisch lässt sich an einigen Feldspathleisten ein
Epidotkern erkennen. Zwischen den der Menge nach vor-
herrschenden Plagioklasleisten erscheinen dunkelbraune
Augitleisten von sehr unvollkommner Form, z. Th. mit einer
fettglänzenden, grünen, chloritischen Masse verbunden. Dass
auch die Augite schon sehr durch Zersetzungsvorgänge angegriffen sein müssen, zeigt ihre weiche Beschaffenheit; mit
der Messerspitze sind sie leicht zu Pulver zu schaben. Der
Magnetit bildet blauschwarze, glänzende Körner, auch einzelne Oktaëder.

Das Mikroskop erweist: Plagioklas, Augit, Viridit,
Quarz, Epidot, Titaneisen, Titanomorphit, Titanit, Magnetit, Hämatit, Biotit, Calcit, Apatit, Helminth, Apophyllit.

Der Plagioklas erscheint grossentheils durchaus trübe
und von secundären Interpositionen, überwiegend Epidot
und Calcit, aber auch chloritische Substanz erfüllt. Messungen des Winkels der Auslöschungsrichtungen mit der
Zwillingsgrenze ergaben an einzelnen Querschnitten nach
rechts und links 13°. Von den Interpositionen lassen sich
Calcit und Epidot immer gut trennen durch die sehr lebhaften Polarisationsfarben auch der kleinen Epidotkörner. Während der Calcit in den Plagioklasen unregel-
mässige, äusserst feinkörnige Aggregate bildet, erscheinen
die Epidote nicht ohne Regel eingeschaltet. Die einzelnen
Körner, von denen viele schon die Form schiefer Rhomben
zeigen, lagern sich immer parallel den Zwillingsgrenzen
der Plagioklase aneinander. Sie vereinigen sich zu grösseren stengligen Individuen, die mit ihrer Längsrichtung
ebenfalls immer parallel den Zwillingslamellen liegen, die
also auf der Symmetrieebene, oder den dieser entsprechen-

den Spaltungsfugen eingeschaltet sind. Das tritt besonders schön hervor, wenn man bei gekreuzten Nicols die einen Zwillingslamellen auf ihre Auslöschung einstellt, dann heben sich die lebhaft bunt polarisirenden Epidotstengel schön diesen dunkeln Streifen parallel liegend hervor (Fig. 2). Jedoch erscheint der Epidot auch in kleineren, unregelmässigen Anhäufungen oder radialstengligen Gruppen im Plagioklas.

Der Augit, von einer grauen Farbe, die nur schwach ins violette spielt, erscheint kaum mehr in ganzen Querschnitten, er ist vollkommen in einzelne Brocken und isolirte Körner durch den zwischengedrungenen Viridit zerlegt. Oft sind so an einem Augitquerschnitte nur mehr ein paar ganz kleine Reste wirklicher Augitsubstanz übrig, alles andere ist in ein regellos fasriges Aggregat von lichtgrüner Farbe, durch welches rostfarbige Adern von Eisenoxyd netzförmig hindurchziehen, und in dem reichlich Epidot in körnigen Aggregaten inneliegt, verwandelt. Die ursprüngliche Zusammengehörigkeit der Augitreste zu einem Krystall spricht sich dann aber in der übereinstimmenden Orientirung der optischen Richtungen in denselben auf das bestimmteste aus. Bei der meist überwiegenden Masse des Viridites ist es nicht leicht, sich eine bestimmte Ansicht über die Lage eines Schnittes an einem Augitquerschnitt zu verschaffen. Zwillinge wurden nicht beobachtet. Darnach erschien die Bestimmung der Auslöschungsschiefe schwierig. Nur einzelne Querschnitte liessen ihrer Form nach vermuthen, dass sie nahezu parallel der Symmetrieeben geschnitten seien und diese ergaben auch übereinstimmende Messungsresultate. Hiernach ist der Winkel, den die Auslöschungsrichtung mit der Axe c bildet $= 33°—34°$. Der Augit zeigt keinen Pleochroismus. Auch tritt keinerlei vollkommnere Spaltbarkeit an den Querschnitten hervor.

Wenn auch die Beschaffenheit des Viridites z. Th. nicht verschieden scheint von der in den übrigen Gesteinen dieses Gebietes und ebenso wie in diesen unter gekreuzten Nicols die fast schwarzen, tiefblauen Polarisationsfarben zeigt, so tritt doch an einigen Stellen hier die chloritische Substanz auch in einer etwas abweichenden, aber bestimmtern Form auf. Besonders ist das gut zu erkennen in einigen farblosen Mineralparthien von ganz besonderer, auffallender Beschaffenheit. In den Dünnschliffen liegen einzelne, vier oder achtseitige, ziemlich grosse Querschnitte, die durch eine vollkommene, rechtwinklige Spaltbarkeit ausgezeichnet sind. Sonst würde man nach ihrem Verhalten dieselben für Calcit halten können. Die Spaltbarkeit liegt in den vierseitigen, quadratischen Querschnitten diagonal, in den achtseitigen Querschnitten parallel den abwechselnden Seiten des Achtecks. Die farblose Substanz ist doppelbrechend; die Auslöschungsrichtungen schneiden die Spaltungsrichtungen unter Winkeln von 45°. Die Polarisationserscheinung ist äusserst schwach, die zwischen gekreuzten Nicols hervortretenden Farben sind nur Abstufungen von Blaugrau. Bei Anwendung eines Objektives (in diesem Falle Hartnack Nr. 7) ohne Okular[1]) und bei gekreuzten Nicols erhält man in einem der vorliegenden Querschnitte ein sehr deutliches Interferenzbild: das der optisch einaxigen Körper, schwachfarbige Ringe mit dunklem Kreuz. Dasselbe erscheint etwas verschoben, weil der Schnitt nicht genau senkrecht zur Hauptaxe liegt, wie das auch in der etwas wechselnden Intensität der Dunkelheit im parallel polarisirten Lichte bei einer Drehung des Präparates in der Horizontalebene Bestätigung findet. Salzsäure zersetzt das Mineral. Die Spaltbarkeit und das op-

---

[1]) Die hier angewandte Methode zur Untersuchung sehr dünner Plättchen im convergenten polarisirten Lichte ist mir schon oft sehr dienlich gewesen. Man kann auf diese Weise in Dünnschliffen sehr gut Interferenzbilder hervorrufen. An einem Fues'schen Mikroskope kann man je nach Bedarf und je nach der Dicke der Plättchen die Objektive verschieden wählen, indem man die Okulare weglässt und dann den Tubus so stellt, dass man convergentes Licht erhält. Auch kann man an Stelle der Objektive, die Okulare als Loupen auf das Präparat und unter den Tubus aufsetzen. Auf diese Weise kann man an dünnen Plättchen alle Interferenzerscheinungen wahrnehmen, die man mit dem Nörrenberg nicht mehr sehen würden und so dient das Mikroskop als vollständiger Polarisationsapparat. Besonders gut eignet sich diese Methode zur schnellen Untersuchung von Glimmer, Chlorit u. dergl. Vergl. Jahrb. f. Min. 1878. 377.

tische Verhalten bestimmen mich, das vorliegende Mineral für Apophyllit zu halten.

In diesem eingewachsen erscheinen nun zahlreiche, zierliche Aggregate einer chloritischen Substanz von sehr charakteristischer Form. Es sind vorherrschend wurmähnliche, gewundene Gestalten, oft zu geschlossenen Ringen zurückgebogen, oft zickzackförmig und dazwischen fächerförmige Halbkreise. Die einzelnen Glieder solcher Gestalten sind rundliche Täfelchen, die auch isolirt erscheinen, von wechselnder Dicke, aber immer sehr klein und ohne erkennbare polygonale Umrisse (Fig. 2). Diese kleinen Scheibchen erscheinen, wo sie flach liegen, dunkelschwarzgrün und bleiben so auch bei einer Horizontaldrehung über dem unteren Nicol. Dagegen erscheinen sie im Querschnitte, und diesen sehen wir immer in den gewundenen Stäbchen oder Fächern, deutlich dichroitisch, gelblich oder grün. Hiernach ergibt sich für c, die Hauptaxe, die Axenfarbe gelb, für die Nebenaxen a: grün. Die Auslöschungsrichtungen in den Stäbchen liegen parallel und senkrecht zur Hauptaxe. Die Polarisationsfarben sind lebhaft und verschieden. Die Täfelchen zeigen eine feine Faserung, die einer basischen Spaltbarkeit entspricht. Dieses chloritische Mineral erscheint vollkommen identisch mit dem, welches Volger unter dem Namen Helminth beschrieben und ein- und aufgewachsen in einer Reihe von Mineralien nachgewiesen hat. Hier sprechen die optischen Erscheinungen besonders auch die Art des Pleochroismus auf das bestimmteste für einen hexagonalen Charakter und hiernach müsste der Helminth wohl zum Pennin gestellt werden.

Aus der Aggregation mehrerer solcher wurm- oder sichelförmigen Gestalten bilden sich dann vollständige Kugeln, deren Struktur die Art ihrer Zusammensetzung erkennen lässt. Oft erscheint im Innern eines aus Helminth bestehenden Kranzes ein grösseres Blatt, glimmerähnlich, von demselben Verhalten wie der Helminth und daher wohl auch identisch mit diesem. Dichte Aggregate dieser Art erweisen immer denselben Dichroismus und zeigen die radialfasrige Struktur, auch wenn sie ohne Anwendung des Nicols nicht sichtbar wird, zwischen gekreuzten Nicols recht deutlich in der Erscheinung der dunklen Auslöschungskreuze. So erkennt man, dass ein ziemlich grosser Theil des in dem Gesteine vorhandenen Viridites ebenfalls dem Helminth zuzurechnen ist. Ausserdem ist, wie schon erwähnt, allerdings auch solcher Viridit vorhanden, der eine andere Beschaffenheit und vor allem keinen Dichroismus und andere Polarisationserscheinung zeigt, von dem Helminth hierdurch immer auf das bestimmteste zu trennen. Der Helminth wurde ausser in diesem Gesteine nur noch in dem später noch zu besprechenden Gesteine von Kernscheidt aufgefunden, indem er oberflächliche Lagen auf den Gesteinsklüften bildet und z. Th. in Quarz eingewachsen ist.

Epidot ist ausserordentlich reichlich vorhanden, in Körnern, körnigen, stengligen und radialstengligen Aggregaten und kleinen Kryställchen durch die ganze Gesteinsmasse verbreitet. Seine Beziehungen zu Plagioklas und Augit wurden schon bei diesen erwähnt.

Das Titaneisen ist nicht sehr reichlich vorhanden, neben demselben erscheint Magnetit und diesen umgebend braunrothes Eisenoxyd. In den Viriditpartien kommen blutrothe Punkte und Streifen von Eisenoxyd vor, die z. Th. bestimmte Form annehmen und dann wohl für Hämatit angesehen werden können.

Biotit erscheint in kleinen garbenförmigen Büscheln und sternförmigen Aggregaten solcher Büschel, ganz so wie wir ihn schon in dem Diorit von Winkelbornfloss bei Schillingen beschrieben haben (Fig. 2). Hier wie dort trägt er alle Anzeichen einer secundären Bildung an sich.

Grössere glimmerähnliche, welligfaserige Querschnitte oft zu vielen aggregirt, starken Pleochroismus zeigend: c. gelbbraun, a. grün, möchte ich geneigt sein, grösstentheils für eine dem Helminth nahe stehende, chloritische, also wohl penninartige Bildung zu halten: mit diesem stimmen die optischen Erscheinungen, die diese Querschnitte zeigen, überein.

Der Calcit erscheint im Gegensatze zu dem so sehr reichlich vorhandenen Epidot nur spärlich, meist kleinere, durchaus körnige Aggregate bildend. Vereinzelt erscheinen zwischen den Feldspathleisten eingeklemmt aber auch grössere, einem Individuum angehörige Parthien mit Spaltbarkeits- und Zwillingsstreifung.

Der Apatit ist sehr reichlich z. Th. in ziemlich grossen Prismen vorhanden. Dieselben sind oft gebrochen und die einzelnen, grösseren Glieder auffallend stark gegen einander verschoben (Fig. 3). Viele Prismen zeigen eine aus anderer Substanz bestehende Axe, die besonders deutlich sichtbar wird, wenn man zwischen gekreuzten Nicols die Apatitquerschnitte auf Dunkelheit einstellt. Dann treten diese Axen lebhaft hell und farbig hervor, so dass man die Substanz derselben für Quarz halten möchte, der dann natürlich mit dem Apatit nicht die gleiche Orientirung besitzt (Fig. 7). Auch staubförmige Interpositionen sind nicht selten.

b. **Diabas von Förstelbach n. v. Nonnweiler.**

Dieses anscheinend frische, ziemlich harte Gestein lässt in einer dunkelgrünen dichten Masse nur einzelne kleine Feldspathleistchen makroskopisch erkennen, während sich übrigens nur dunklere und lichtere Stellen abheben, ohne dass man dieselben näher bestimmen könnte. Reichlich erkennt man schon mit der Loupe schwarze Körner von Titaneisen und lebhaft glänzend treten eingesprengte Pyrite hervor.

Unter dem Mikroskope erkennt man: Plagioklas, Augit, Viridit, Quarz, Titaneisen, Titanomorphit, Titanit, Epidot, Calcit, Apatit, Pyrit, Magnetit, Hämatit.

Der Plagioklas ist trübe und mit secundären Interpositionen, Viridit, Calcit, Epidot erfüllt und von solchen oft regelmässig umrandet (Fig. 3). Die Zwillingsstreifung ist nur theilweise noch deutlich wahrzunehmen. Nur schwer gelang es für den Winkel der Auslöschungsrichtungen zuverlässigere Werthe zu erhalten. Die beste mögliche Messung ergab einen Winkel von 12° nach rechts, einen Winkel von 14° nach links von der Zwillingsgrenze.

Der Augit hat eine blassröthliche Farbe und erscheint durch Viridit vollständig zerrissen, wenngleich immer noch grössere Reste von Augitsubstanz vorhanden sind. Vereinzelt wurden Zwillinge von Augit beobachtet. Einer derselben gestattete eine Bestimmung der Winkel der Auslöschungsrichtung mit der Verticalaxe. da sich ergab, dass die beiden Winkel rechts und links von der Zwillingsgrenze genau gleich waren und hiernach also die Lage des Schnittes bestimmt war; der Winkel betrug 41°.

Der lichtgrüne, nicht dichroitische Viridit erscheint bei gekreuzten Nicols fast ganz dunkel, tiefblauschwarz und bleibt so auch grösstentheils bei einer Horizontaldrehung des Präparates. Dann erscheint der Schliff von einem fast schwarzen Netzwerke durchzogen. Nebenbei kommt aber auch gelbgrüner, dichroitischer Viridit vor, an dem stets auch eine radiale Faserung deutlich besonders unter gekreuzten Nicols hervortritt, wo dann auch lebhaftere Polarisationsfarben erscheinen.

Quarz ist mehrfach in scharfen hexagonalen Querschnitten vorhanden, die ohne Zweifel als primärer Bestandtheil anzusehen sind. Sie sind reich an Flüssigkeitseinschlüssen mit z. Th. lebhaft beweglichen Libellen. Einzelne dieser Quarzhexagone sind von einer Zone des dichroitischen Viridites umsäumt, so dass die einzelnen Fasern desselben genau radial zu dem Mittelpunkte des Quarzquerschnittes gestellt sind (Fig. 3). Ausser dem primären Quarze erscheint aber auch solcher, den man unzweifelhaft als secundär erkennen kann. Er bildet z. B. in einem Schliffe eine quer durch denselben hindurchsetzende Ader, die eine deutliche, wellige, dem Verlaufe der Ader parallel gehende Faserung zeigt. Diese wird besonders dadurch deutlich, dass zwischen den einzelnen Lagen und conform mit diesen verlaufend chloritische Lamellen, dem dichroitischen Viridit angehörig, eingelagert sind. Stellenweise aggregiren sie sich so dicht, dass man von der Quarzsubstanz nichts mehr sieht. Bei der Anwendung polarisirten Lichtes nimmt man wahr, dass die Quarzmasse in einzelne Individuen zerfällt, die ein durchaus einheitliches optisches Verhalten zeigen, und zwar gehen die Grenzen der einzelnen Individuen quer durch die Längsfaserung hindurch und erscheinen so unter gekreuzten Nicols als verschiedenfarbige Theile der Quarzader. Recht schön lassen sich an den beiden Salbändern dieses kleinen Ganges die mechanischen Erscheinungen wahrnehmen, die durch das Aufreissen der

Kluft, in der sich dann der Quarz absetzte, hervorgerufen wurden. Die Quarzader schneidet Augitkrystalle und Titaneisenkörner mitten durch. Mit ganz genau in einander passenden Bruchlinien liegen die getrennten Stücke, um die Breite der Quarzader auseinander geschoben gegenüber, so dass wir uns dieselben genähert wieder vollkommen zu einem anscheinend unverletzten Ganzen vereinigt denken können (Fig. 3).

Ausserordentlich schön und nur in dem Diabase von Hockweiler in ähnlicher Weise ausgezeichnet, bieten sich hier die Skelette des Titaneisens dar, mit allen den charakteristischen Erscheinungen der Umwandlung, wie sie bei dem Amphibolit von Olmuth schon näher erörtert wurden. Sehr schön ist hier die wirkliche Fortführung von Substanz zu erkennen; Viridit ist z. Th. in die leeren Stellen getreten, während sich der Titanomorphit in körnigen Aggregaten, aber auch einzelnen grösseren Körnern, schwach doppelbrechend, in der Nähe des ursprünglichen Titaneisens angesiedelt hat (Fig. 3). Hier lassen sich in einigen Fällen solche Körner wohl für nichts anderes als Titanit halten; wenn sie auch der Form nach mit Epidotkörnern übereinstimmen, trennt sie davon sehr bestimmt die nur äusserst schwache Polarisationserscheinung. Manchmal glaubt man an solchen isolirten Körnern auch eine Annäherung an polygonale, rhombenähnliche Formen zu erkennen.

Neben dem Titaneisen erscheint viel Pyrit, meist z. Th. in Brauneisen umgewandelt mit rothbraunem Hofe, oft selbst rothbraun durchscheinend, sonst an dem gelben Glanze im reflektirten Lichte gut zu erkennen. Einzelne schwarze Körner ohne jede Spur der für das Titaneisen charakteristischen Zersetzung, wohl aber braun umsäumt, halte ich für Magnetit. Im reflektirten Lichte glänzen sie blauschwarz.

Epidot ist auch hier reichlich vorhanden, einzelne zierliche Gruppen bildend, sehr verbreitet in kleinen Körnern; grössere Prismen und stenglige Aggregate, wie sie in den Dioriten vorkommen, fehlen fast ganz. Der Calcit tritt in einzelnen ziemlich grossen Individuen von scharf rhomboëdrischer Gestalt, mit deutlicher Spaltbarkeit und

Zwillingsstreifung auf, aber auch in feinkörnigen Aggregaten, der Apatit in langen Prismen, wie im vorhergehenden Gesteine. Einzelne blutrothe rhombische Querschnitte in Viridit und in der Nähe der Eisenmineralien dürfen für Hämatit gelten.

### c. Der Diabas von Hockweiler bei Trier.

In dem schmutzig grünen, sehr feinkörnigen Gesteinsgemenge lassen sich nur die kleinen Feldspathleistchen sicher makroskopisch bestimmen, neben diesen erkennt man einzelne lichtergrüne, fettglänzende Stellen, sowie lebhaft glänzende Pyritkörner. Das Gestein ist äusserlich dem von Förstelbach sehr ähnlich.

Im Mikroskope erkennt man: Plagioklas, Augit, Viridit, Epidot, Titaneisen, Titanomorphit, Calcit, Apatit, Pyrit.

Die Plagioklase erscheinen ganz von der Beschaffenheit wie in dem Diabas von Förstelbach, im Innern durch eingelagerte Viridit-, Epidot- und Calcitkörner vollkommen getrübt, umsäumt von körnigen Epidotaggregaten, im Innern oft Epidotprismen eingeschaltet. Die gemessene Auslöschungsschiefe ergab $15^\circ$—$16^\circ$. Auch der röthliche Augit, dessen Auslöschungsschiefe zu $34^\circ$ gemessen wurde, ist im Allgemeinen dem von Förstelbach ähnlich, nur erscheint die Umwandlung noch weiter fortgeschritten, so dass in der Regel nur mehr einzelne Fetzen von Augitsubstanz übrig sind, die in grüner Virititmasse, von rostfarbenen oder gelbbraunen Adern durchzogen innerliegen, in der Regel mit etwas Epidot zusammen. Dadurch erinnert hier die Erscheinung der Augite noch mehr an die zersetzten Olivine anderer Gesteine, deren spärliche, zusammengehörigen Reste auch nur unter gekreuzten Nicols erkannt werden können.

Der Viridit gehört auch hier grösstentheils der nicht dichroitischen, unter gekreuzten Nicols tiefblauschwarz erscheinenden Art an. Er durchzieht fast wie ein Netzwerk das ganze Gestein, erscheint auch deutlich zwischen den Feldspathleisten eingeklemmt (Fig. 10). Nur wenig dichroitischer, lebhafter polarisirender Viridit ist ausserdem vorhanden.

Die Formen des Titaneisens sind hier ebenso schön

wie in dem Diabas von Förstelbach, die Beziehungen zu Titanomorphit auch hier recht deutlich zu verfolgen. Auch hier sind einzelne Körner schon für Titanit zu halten. Epidot ist ziemlich viel vorhanden, aber nicht in grösseren Aggregaten, Calcit in körnigen Anhäufungen und krystallin. Körnern mit Spaltbarkeit und Zwillingsstreifung. Apatit und Pyrit sind gleichfalls reichlich vorhanden. Quarz scheint zu fehlen.

### d. Diabas eines Ganges zwischen Heinzeberg und Kellenbach.

Das feinkörnige, etwas flaserige, makroskopisch nicht näher bestimmbare, graugrüne Gestein ist den beiden vorhergehenden äusserlich ziemlich ähnlich. Das tritt unter dem Mikroskope noch viel bestimmter hervor. Man erkennt dann: Plagioklas, Augit, Viridit, Calcit, Epidot, Titaneisen, Eisenoxyd, Quarz, Apatit.

Plagioklas, an einzelnen die Auslöschungsschiefe zu $14^°-15^°$ bestimmt und Augit, fast farblos oder nur schwach röthlich, sehr zerrissen durch Viridit, mit einer Auslöschungsschiefe von $38^°-40^°$, sind beide so umgewandelt, dass einige derselben geradezu als Pseudomorphosen eines Gemenges von Viridit, Calcit, Epidot und unbestimmbarer, wohl kaolinartiger Substanz nach jenen bezeichnet werden könnten. Nur ganz vereinzelt erscheint noch ein etwas frischerer Augitquerschnitt. Der sehr reichlich vorhandene Viridit durchzieht wie ein Netzwerk das ganze Gestein. Er ist blassgrün, ohne erkennbare Struktur, nur unter gekreuzten Nicols als ein Aggregat dann blauschwarzer Fasern sich darstellend. Es erscheint das eigenthümliche Maschenwerk der Serpentine in den Dünnschliffen dieses Gesteines vollkommen angedeutet. An einigen Stellen sind die Viriditstreifen goldgelb gefärbt. Es ist viel Calcit, nur wenig Epidot vorhanden, zahlreiche Apatitnadeln und vereinzelt ein kleines Quarzkorn.

### e. Diabas von Saarburg.

Das Gestein von Saarburg tritt in der Form eines mächtigen, stockähnlichen Ganges aus den Schichten des Devons empor und trägt auf der Höhe der scharfen Kuppe, in der es aufragt, die schönen Ruinen der Burg Saarburg, malerisch über dem gleichnamigen Kreisorte gelegen. Das auffallende dieser äusseren Erscheinung mag wohl die Veranlassung gewesen sein, dass dieses Vorkommen eines der wenigen ist, die früher schon Beachtung gefunden. Auch Steininger erwähnt den Punkt an der schon früher citirten Stelle[1]) und der ausgezeichnete belgische Geologe A. Dumont bespricht ihn in seinem Werke: Sur le terrain ardennais et rhénan S. 413. Er nennt das Gestein einen Hypersthenit und wenn auch uns die Untersuchung des Gesteines eine von der gewöhnlichen abweichende Beschaffenheit des wesentlichen Gemengtheiles, des Augites, der in diesem Gesteine einen diallagartigen Habitus besitzt, ergeben hat, so mag die Anführung der Stelle aus dem Werke Dumont's als ein Zeugniss für seinen petrographischen Scharfblick gelten. Dort heisst es: L'hypersthénite (du massif du Rhin) présente deux variétés principales suivant qu'elle est simple ou chloritifère. La première varieté consiste en une pâte compacte, verte, d'un aspect cireux, renfermant des cristaux simples ou bijugués, longs et étroits d'albite du même couleur, d'un éclat vitreux ou nacré et des grains noirs verdâtres, qui paraissent être de l'hypersthène, mais dont je n'ai pu jucequ'à présent déterminer les clivages. Cette roche est granitoide, tenace, à cassure inégale, d'un vert assez foncé, ponctillé d'un noir verdâtre ou brunâtre et d'un aspect mat. Elle passe a l'aphanite lorsque les cristaux et les grains d'albite et d'hypersthène sont fins." Dumont bezieht diese Beschreibung unmittelbar auf das Gestein von Saarburg, indem er später sagt: „La ruine du chateau de Sarebourg est située sur un typhon d'hypersthénite, on y trouve de la leberkise, des veines et des cristaux de Calcaire et de dolomie, des quarz etc. Le phyllade qui joint ce typhon est a peine modifié et il a prie seulement une couleur un peu verdâtre, on y rencontre des petits filons et des veines de phillipsite, de malachite et de limonite." Der Beschreibung Dumont's ist für die makroskopische Charakteristik kaum

---

1) l. c. S. 40.

noch etwas hinzuzufügen. Die mir vorliegenden Handstücke entsprechen jener Beschreibung. Sie sind ziemlich feinkörnig, von schmutziggraugrüner Farbe, ein Gemenge weissen Feldspathes und eines grünen fettglänzenden Minerals, mit inneliegenden glänzenden Körnern von Pyrit.

Das Mikroskop zeigt folgende Gemengtheile: Plagioklas, Augit, Viridit, Amphibol, Titaneisen, Quarz, Kalkspath, Apatit, Epidot, Pyrit.

Die Plagioklase sind vorzüglich im Innern mit einem körnigen Zersetzungsprodukte erfüllt, das aus einem Gemenge von Calcit, Epidot und kaolinartiger Substanz besteht. Daher ist das Innere der Plagioklasleisten oft vollkommen opak, während der Rand noch ziemlich frisch und klar erscheint. Hierdurch heben sich die einzelnen Leisten immer noch recht deutlich gegen einander ab. Diese Erscheinung ist in ganz gleicher Weise übrigens auch an manchen Plagioklasen der vorhergehenden Gesteine zu beobachten. Die Zwillingsstreifung ist dadurch manchmal nicht mehr recht wahrzunehmen und eine Bestimmung der Auslöschungsschiefe war nicht leicht. Die besten Werthe ergaben 15° bis 17°. Der Augit, von blassröthlicher Farbe, erscheint meist in zerrissenen Körnern und einzelnen durch Viridit getrennten Fetzen, wenngleich er im Allgemeinen viel frischer erscheint, wie in den vorhergehenden Gesteinen. Er zeigt keinen Pleochroismus, die Auslöschungsschiefe wurde zu 35°—38° bestimmt. In vielen Querschnitten besitzt er eine sehr ausgesprochene lamellare Spaltbarkeit, die oft als ein System dicht neben einander liegender Linien erscheint. Solche Augite hat man wohl als Diallag bezeichnet. Aber ich stimme darin vollkommen mit Rosenbusch überein[1]), dass eine bestimmte Grenze hier wohl nicht zu ziehen ist, da ausser dieser vollkommnen Spaltbarkeit (die übrigens auch manchen echten Augiten basaltischer Gesteine, so z. B. der Basalte der Auklands-Insel in sehr vollkommner Weise eigenthümlich ist) sonst alle Eigenschaften dieser sog. Diallage mit dem Augit übereinstimmen, wie das z. B. hier mit Bezug auf das optische Verhalten ganz bestimmt con-

---

1) l. c. II. 327. 463.

statirt werden konnte. Der in diesem Gesteine vorliegende Augit ist seiner Erscheinung nach vollkommen identisch mit dem augitischen Mineral des Gesteines von Hozémont, für welches de la Vallée und Rénard in ihrer mehrfach citirten Arbeit die Bezeichnung eines Gabbro's gewählt haben. Die Identität der beiden Gesteine ist in dieser Beziehung und überhaupt eine so vollkommne, dass man Dünnschliffe beider nicht wohl von einander zu unterscheiden vermag. Und im Anschluss an die von jenen Forschern gewählte Bezeichnung würde man auch das Gestein von Saarburg als einen Gabbro bezeichnen dürfen. Die einzelnen Augitfetzen sind von der blassgrünen Substanz des Viridites durchdrungen, in einzelnen Querschnitten erscheint auch Quarz diese Bruchstücke wieder zu verkitten. Der Viridit ist meist von der blassgrünen, nicht dichroitischen Art, unter gekreuzten Nicols tiefschwarzblau, fast wie isotrop erscheinend; daneben kommt auch fasriger, etwas dichroitischer und lebhafter polarisirender Viridit vor. Durch Aetzen eines Schliffes mit Salzsäure wurden beide Substanzen gleichmässig angegriffen. Auch hier liegt also wohl ein dem Delessit verwandtes chloritisches Produkt vor. Neben dem Augit erscheint, allerdings nur sparsam auch blassgrüne, schilfige Hornblende, optisch genau zu bestimmen, einzelne Augitquerschnitte uralitartig umsäumend. Das asbestartige Mineral, das auch in dem Gesteine von Hozémont beobachtet wurde und in dem von Kürenz von mir beschrieben wird, kommt gleichfalls in diesem vor.

Das Titaneisen, meist grössere, regelmässig begrenzte Körner und Querschnitte bietend, erscheint ausgezeichnet und recht charakteristisch; mit ihm und seinem Umwandlungsprodukt zusammen kommen auch spärlich deutliche Körner von Epidot vor. Quarz liegt in einzelnen klaren Körnern mit zahlreichen Flüssigkeitseinschlüssen vor, aber auch in schmalen Schnüren, als Spaltenausfüllung von offenbar secundärer Entstehung. In letzterem fehlen die Flüssigkeitseinschlüsse ganz. Der Calcit, fast immer mit dem Viridit enge verbunden, erscheint in körnigen Aggregaten. Seine Anwesenheit hatte hier schon das schwache Brausen des Gesteins mit Säuren angezeigt. Der

Apatit ist in langen Prismen, oft mehrfach zerbrochen, die einzelnen Glieder perlschnurartig hintereinander liegend, vorhanden; der Pyrit ist in den vorliegenden Schliffen frisch, aber nur spärlich wahrzunehmen.

Zu den diabasischen Gesteinen muss eine Reihe von Vorkommen gerechnet werden, deren Zusammengehörigkeit mit ihnen sich durch die beobachteten Umwandlungserscheinungen, durch die Uebereinstimmung der Mikrostruktur mit den echten Diabasen ziemlich unzweifelhaft ergibt, wenn auch der wesentliche Gemengtheil, der Augit in denselben ganz fehlt oder richtiger gesagt durch die Umwandlungsvorgänge verdrängt worden ist. Aber wenn man sich bei der Durchsicht einer ganzen Reihe dieser Gesteine an das Erkennen der verschiedenen Stadien ihrer Umwandlung gewöhnt hat, so findet man doch in den meisten derselben noch die deutlichen Spuren des Augites wieder.

### f. Gestein von der Irscher Mühle bei Trier.

In der grüngrauen, etwas fettig glänzenden Gesteinsmasse nimmt man, besonders wenn man das Gestein befeuchtet, zahlreiche, mattweisse, caolinisirte Feldspathleistchen wahr, die sich mit der Messerspitze leicht zu Pulver schaben lassen. Ausser diesen liegen braune, mit Eisenoxydrinden überzogene Calcitaggregate in dem Gesteine zerstreut. Die weiche Beschaffenheit des Gesteins verräth eine bedeutende Zersetzung.

Das Mikroskop erweist: Viridit, Plagioklas, Quarz, Calcit, Glimmer, Apatit, Eisenoxyd.

Der grösste Theil des Gesteines besteht aus der im Schliffe blassgrün erscheinenden Substanz des Viridites, der unter gekreuzten Nicols tiefblauschwarz erscheint, so dass dann fast der ganze Schliff verdunkelt wird. In dieser dunklen Masse treten dann zahlreiche glänzende, lebhaft polarisirende Leistchen hervor, die im gewöhnlichen Lichte gar nicht sichtbar waren. Einzelne sind so gross, dass man ihre wellig faserige Struktur erkennen kann, sowie dass die Auslöschungsrichtungen in ihnen parallel und senkrecht zu den äusseren Umrissen orientirt sind. Ein bestimmterer Nachweis der Natur dieses glimmerartigen Minerales ist nicht möglich gewesen. Wenn ich dieselben für ein kaolin- oder nakritartiges Mineral halte, so bestimmt mich dazu vorzüglich der makroskopische Befund, der den kaolinisirten Zustand der Feldspathe erkennen liess. Diese winzigen Leistchen und Blättchen häufen sich an einzelnen Stellen in den Feldspathen auch zu grösseren, dichten Aggregaten zusammen, die durch ihre lebhaften Polarisationsfarben sich immer trefflich aus dem Viridit hervorheben. Die Plagioklase sind noch zu erkennen, jedoch die Zwillingsstreifung fast ganz verwischt, nur die Umrisse heben sich deutlich ab. Neben ihnen tritt der Quarz, besonders durch seine Frische auffallend, hervor. Calcit erscheint in körnigen Aggregaten, Apatit, ebenfalls von ganz klarem, frischem Aussehen, häufig einen mit staubförmigen Interpositionen erfüllten Kern umschliessend. Die Stellen, an denen der Augit im Gesteine gesessen hat, lassen sich oft noch an den äusseren Contouren ganz bestimmt herausfinden. Es sind eigenthümliche, in den Schliffen sehr hervortretende, auch mit der Loupe schon wahrnehmbare Stellen, deren Struktur ein charakteristisches, in diesen Gesteinen ziemlich constant wiederkehrendes Maschenwerk zeigt, wie es Fig. 6 darstellt. Die einzelnen Felder sind durch körnige Anhäufungen von schwer bestimmbarer Natur, jedenfalls Gemenge von Calcit, Viridit u. dgl. gebildet, die meist dunkelbraun, oft ganz opak erscheinen, zwischen diesen ziehen sich die blassgrünen Adern des Viridites hin und die Axen der meist unregelmässig verlaufenden Viriditstreifen sind durch schwarze körnige Aggregate, perlschnurartig oder streifenförmig, von Magnetit gebildet, der hier ohne Zweifel ein secundäres Produkt ist. Diese Pseudomorphosen nach Augit zeigen von wirklicher Augitsubstanz keine Spur mehr und gleichen ganz den ähnlichen Umwandlungserscheinungen des Olivins. Dass sie hier aber ganz gewiss nicht dem Olivin zuzuschreiben sind, dafür spricht besonders der Umstand, dass keine der vielen beobachteten Formen der Querschnitte den ja meist recht charakteristischen Querschnitten des Olivins gleicht, wohl aber, wenn man sie mit den Augiten in den Diabasen vergleicht, diesen. Zudem aber sind alle begleitenden Verhältnisse derart, dass man in diesen Stellen das Aequivalent der Augite in jenen Diabasen sehen muss. Auch leiten allmälige Uebergänge, ohne irgend auffallende Lücken, zu jenen hinüber.

    g. **Gestein von Wiltingen a. d. Saar (an Koch's Gerberei).**

Dieses ist äusserlich ebenfalls als ein zersetztes Gestein charakterisirt; von einer grauen Farbe; wenn man es befeuchtet, treten caolinisirte Feldspathleistchen hervor, zwischen denen hin und wieder grössere Flecken erscheinen, die als ein Carbonat sich zu erkennen geben, hier wohl Dolomit.

Von Plagioklas und Augit ist unter dem Mikroskope hier fast nichts mehr wahrzunehmen, die Leisten des ersteren sind noch hin und wieder zu unterscheiden; ähnliche, aber viel unbestimmtere Stellen, wie in dem vorhergehenden Gestein, deuten die früheren Augite an. Das Gestein ist sehr reich an einem äusserst feinkörnigen Zersetzungsprodukte von opaker Beschaffenheit, das auch unter den Nicols durch Reflex hell bleibt und sich ganz indifferent zeigt, eine kaolinartige Substanz, die von Säuren anscheinend nicht angegriffen wird. Von dem ebenfalls reichlich vorhandenen körnigen Calcit oder Dolomit unterscheidet jene Substanz ihr optisches Verhalten. Da die oft sehr deutlichen Rhomboëder, die dem Carbonate angehören, auch da, wo sie recht gross werden, nie die klare Beschaffenheit von Calcitrhomboëdern, wie wir ihnen in andern Gesteinen begegneten, noch auch die deutliche Streifung der Spaltbarkeit und der Zwillingsbildung zeigen, so möchte man das Carbonat hier eher für Dolomit halten. Einzelne grosskörnige Aggregate von Rhomboëdern gleichen in den Schliffen in der That vollkommen Dolomiten. Daher wäre dann auch wohl zu erklären, warum das Gestein nicht beim Auftröpfeln von Säure braust. Auch die in den andern Gesteinen von ähnlicher Beschaffenheit vorkommenden Aggregate dieser Art, bei denen die grösseren, scharfgeformten Rhomboëder sich so verhalten wie hier, möchte ich alle für Dolomit halten. Die Dolomitaggregate sind oft von fasrigem Viridit umsäumt. Rostfarbige oder blutrothe Flecken von Eisenoxyd durch die Schliffe verbreitet rühren von zersetztem Magnetit oder Pyrit her. Jedoch lassen sich auch noch die Reste von Titaneisen erkennen.

### h. Gestein von Gaisfeld.

Das Gestein gleicht dem vorhergehenden. In der dichten grauen Gesteinsmasse werden besonders durch Befeuchten gelbe Leistchen caolinisirten Feldspathes sichtbar. Das zerreibliche Gestein braust mit Säuren nicht.

Unter dem Mikroskope erscheint auch hier überwiegend die feinkörnige, dem Kaolin zugeschriebene Substanz, die hier bei Anwendung stärkerer Vergrösserung deutlich schuppige Struktur zeigt, und an einzelnen Stellen Dolomit, ebenfalls in Rhomboëdern. Feldspathleisten sind kaum noch wahrzunehmen, auch die Stellen früherer Augite sehr unbestimmt und nur aus der Analogie mit den vorigen Gesteinen noch hin und wieder zu erkennen. Quarz erscheint in einzelnen kleinkörnigen Aggregaten; schmutzigbraunrothe Fetzen, aus der Zersetzung der Eisenminerale hervorgegangen, sind durch das ganze Gestein zerstreut.

### i. Gestein von Crettnach (nördl. v. d. Kirche).

Ist äusserlich vollkommen ähnlich dem Gesteine von Wiltingen. Unter dem Mikroskope sind kaum noch die Plagioklasleisten zu erkennen, die Pseudomorphosen nach Augit (Fig. 6) identisch mit denen im Gesteine von der Irscher Mühle. Der vorwaltende Bestandtheil ist die kaolinartige Substanz, von Viridit und Dolomit begleitet. Das Gestein ist ziemlich reich an frischem Quarz und Apatit. Rostbraune Reste der Eisenminerale. Im Viridit neugebildeter Magnetit. Einzelne Lamellen eines hellen Glimmers sind wahrzunehmen mit braunem eisenschüssigem Ueberzuge oder auf den Fasern von solchen Lagen durchzogen. Der mit starker Absorbtion verbundene Pleochroismus ist recht deutlich.

### k. Gestein von Niedermennig.

Auch dieses gleicht makroskopisch den vorhergehenden, es ist braun durch Eisenoxydfärbung. Unter dem Mikroskope erkennt man es als ein Gemenge vorwaltenden Viridites mit Dolomit und Kaolin. Der blassgrüne Viridit, bei gekreuzten Nicols dunkel, veranlasst, dass dann der ganze Schliff verdunkelt wird. Hier tritt also gegen den Viridit die körnige Kaolinsubstanz doch sehr zurück. Der Dolomit in scharfen Rhomboëdern, zahlreiche Rostflecken von den zersetzten Eisenmineralien, ziemlich viel Quarz.

### l. Gestein von Oberemmel.

Aeusserlich dem vorhergehenden gleichend. Unter dem Mikroskope sind die Plagioklasleisten an ihren Umrissen noch sehr scharf zu erkennen, wenngleich sie grösstentheils nur Aggregatpolarisation zeigen. Das Gestein ist besonders reich an Dolomit, der oft in grossen Gruppen aus zahlreichen Rhomboëdern vereinigt ist. Auch hier nie die Zwillingsstreifung an denselben. Der Viridit, oft fast farblos, aber unter gekreuzten Nicols bestimmt zu erkennen, umgibt solche Dolomitaggregate. Neben diesem noch ein blassgrünes, faseriges Mineral von lebhafteren Polarisationsfarben. Glimmerlamellen, braungesäumt und gestreift, sind ganz identisch mit denen im Gestein von Crettnach. Quarz und Apatit sind frisch, reichliche Reste von Eisenmineralien.

### m. Gestein vom Rohheiderhof bei Conz.

Braune und grünliche Körner bilden das unbestimmte Gemenge dieses Gesteines, das seine weiche Beschaffenheit und der starke Thongeruch als ein sehr zersetztes charakterisiren.

Die Mikrostruktur gleicht im Allgemeinen der des vorhergehenden Gesteines, die Plagioklasleisten zeigen nur noch ihre Umrisse, Viridit ist vorherrschend, vollkommen von eisenschüssigen Flecken erfüllt. Das Gestein ist recht quarzreich, dagegen erscheint weniger Dolomit.

Das Gestein südöstlich vom Rohheiderhofe anstehend ist mit diesem fast vollkommen identisch, dagegen gehört ein Gestein vom Weiher zwischen Rohheiderhof und Forsthütte entschieden zum Melaphyr und wird dort Erwähnung finden.

Das ganz mürbe Gestein, nordöstlich von Ruwer vorkommend, steht dem von Rohheiderhof am nächsten.

n. **Gestein von Conz** (zwischen Bahnhof und Pfosten 85).

Das lichtgraue, erdig aussehende Gestein lässt makroskopisch kaum eine Bestimmung zu. In der dichten, lichtgrauen Masse treten nur kleine Pünktchen von Eisenoxyd und hin und wieder mit diesen zusammen noch ein Pyritflimmerchen hervor.

Unter dem Mikroskope erkennt man: Plagioklas, Viridit, Glimmer, Calcit, Pyrit, Titaneisen, Hämatit, Quarz, Apatit, Epidot.

Der Plagioklas zeigt nur hin und wieder noch die Zwillingsstreifung, sonst nur die Umrisse seiner Leistchen. Der Viridit erfüllt die ganze Gesteinsmasse, blassgrün, nicht dichroitisch, unter gekreuzten Nicols schwarzblau. In ihm liegen Leistchen eines schwach grünlichen Glimmers, dichroitisch, mit starker Lichtabsorbtion, mit Eisenoxyd überrindet und durchzogen, wie in dem Gestein von Crettnach. Auch viele ganz schwarz erscheinende Leistchen gehören hierzu, nur an einzelnen Stellen tritt der verhüllte Glimmer hervor. Der Pyrit zeigt in diesem Gesteine Zersetzungserscheinungen, die sehr jenen des Titaneisens gleichen, jedoch stets mit Bildung intensiv braunen Eisenoxydes. Aber er erscheint auch in Skeletten, oft im Innern hohl und mit Viridit erfüllt, dabei sehr bestimmt die Würfelform zeigend. Titaneisen und Magnetit scheinen ausserdem nur wenig vorhanden. Hier ist wieder bestimmt Calcit wahrzunehmen, reichlich in körnigen Aggregaten, aber wo ein Rhomboëder erscheint, zeigt es die doppelte Streifung der Spaltbarkeit und der Zwillingsverwachsung. Calcitschnüre durchziehen die Schliffe. Apatit ist ziemlich reichlich, Epidot nur sehr sparsam in kleinen Körnern, Quarz vereinzelt vorhanden.

Auch in diesem Gesteine ist von Augit keine Spur wahrzunehmen, aber es fehlen auch gänzlich solche Stellen, an denen der Augit früher hätte vorhanden sein können. Wir müssen daher wohl annehmen, dass dieses Gestein auch ursprünglich ein sehr augitarmes gewesen sei. Denn die sonst unverkennbare Uebereinstimmung mit den früheren Gesteinen lässt darüber keinen Zweifel, dass es den Diabasen sich aufs engste anschliesst.

### o. Gestein von Reinsfeld.

Aeusserlich ist dieses dem vorhergehenden ganz ähnlich. In der durchaus unbestimmten grauen Gesteinsmasse treten ebenfalls rothe eisenschüssige Punkte hervor. Die vollkommene Identität mit dem Gesteine von Conz wird unter dem Mikroskope noch bestimmter. Die Gemengtheile sind: Plagioklas, Viridit, Calcit, Quarz, Magnetit, Epidot. Der Viridit ist überwiegend, aber reichlich auch Kalkspath vorhanden. Im Viridit Neubildungen von Magnetit. Reichlich Eisenoxyd in Fetzen und Streifen durch das Gestein verbreitet. Zierliche Gruppen, sternförmige Aggregate gelber Epidotprismen sind mit rostbrauner Rinde so überzogen, dass man sie nur für Eisenoxyd halten möchte. Aber an den Rändern sehen sie hervor und an manchen Stellen ist der braune Ueberzug lückenhaft. Da lässt die lebhafte Polarisation den Epidot erkennen und so erklären sich alle andern sternförmigen, schwarzbraunen Gruppen dieser Art (Fig. 9). Quarz ist recht reichlich vorhanden. Von Augit auch hier keine Spur.

### p. Gestein vom Domherrnwald bei Kernscheidt.

Das Gestein von Kernscheidt nimmt in so fern eine besondere Stellung ein, als es bei deutlich makrokrystalliner Ausbildung und einer verhältnissmässig frischen Beschaffenheit durchaus keinen Augit führt und auch nach seiner Mikrostruktur nicht wohl die Annahme gestattet, dass der Augit schon fortgeführt sei. Es muss demnach dieses Gestein, und darin tritt es in Beziehung zu den beiden zuletzt besprochenen, als ein augitfreier Diabas angesehen werden: denn es besitzt sonst alle Eigenthümlichkeiten der Diabase.

Das Gestein hat eine lichtgraue, grünlichweisse Farbe, man erkennt deutlich die Leisten triklinen Feldspathes, deren Streifung mit der Loupe wahrzunehmen, die den grössten Theil des Gesteines bilden. Zwischen ihnen erscheinen Körner von Quarz und von einem grünen, fettglänzenden chloritischen Mineral. Durch die ganze Gesteinsmasse zerstreut liegen kleine rostfarbige Anhäufungen von rundlicher Gestalt, die bei der Behandlung mit Säuren schwach aufbrausen und so den Gehalt an einem Carbonat verrathen. Auf den Gesteinsfugen grüne Rinden von Helminth in Quarz.

Das Mikroskop erweist: Plagioklas, Quarz, Viridit, Helminth, Dolomit, Apatit, Titaneisen.

Der Plagioklas erscheint auch im Dünnschliffe viel frischer als in den vorhergehenden Gesteinen, seine Zwillingsstreifung tritt immer ganz bestimmt hervor. Die Auslöschungsschiefe seiner Lamellen wurde zu $13^\circ - 14^\circ$ beiderseitig gemessen. Dennoch ist der Feldspath zum grossen Theile auch schon umgewandelt, der fast farblose Viridit ist an seine Stelle getreten. In diesem erscheinen hier wieder die lebhaft polarisirenden, fasrigen Leistchen, die schon in dem Viridit des Gesteines von Irscher Mühle erwähnt wurden. Der Viridit gehört durchaus der blassgrünen unter gekreuzten Nicols fast apolar erscheinenden Art an. Nur die schon erwähnte grüne Rinde auf den Absonderungsfugen einiger Stücke führt den im Gesteine von Kellenbach schon näher beschriebenen Helminth. Hier liegt er in Quarzkörnern inne, einzelne gewundene Stäbchen, grösstentheils aber zu einem dichten Aggregate vereinigt, blassgrün, sonst mit allen Eigenschaften wie dort. Quarz ist sehr reichlich und in grossen, scharfrandigen Querschnitten vorhanden, reich an Flüssigkeitseinschlüssen. Er erscheint immer zwischen den Feldspathleisten eingeklemmt, so dass deren Grenzlinien oft sehr unregelmässig polygonale Quarzquerschnitte umschliessen. Hiernach erscheint der Quarz als das zuletzt erstarrte Mineral. Plagioklas und Quarz bilden übrigens ein vollkommen granitisches Gemenge, nirgendwo ist zwischen ihnen Raum für eine andere Mineralsubstanz, Grundmasse oder Augit, übrig. Nur kleine Viriditparthien erscheinen gleichfalls in dem Gemenge zwischen Quarz und Feldspath eingeklemmt.

Die rostfarbigen Aggregate lösen sich im Dünnschliffe in Haufwerke durchsichtiger Rhomboëder auf, mit Eisenoxyd überrindet oder auch parallel den äusseren Umrissen in einzelnen Streifen oder vollkommen Kernen davon erfüllt (Fig. 8). Nie zeigen die Rhomboëder Zwillingsstreifung und dieser Umstand, verbunden mit dem schwachen Brausen in Säure lassen auch hier in dem Carbonate Dolomit vermuthen. Apatit ist reichlich in frischen langen Nadeln und Querschnitten vorhanden, Titaneisen nur spärlich.

Von Augit ist in einer Reihe von Schliffen, die von diesem Gesteine angefertigt wurden, keine Spur zu finden. Auch lässt das Gemenge von Plagioklas und Quarz keinen Raum übrig, an dem der Augit hätte Platz finden können. Nur die wenigen Stellen des zwischengeklemmten Viridites könnten als umgewandelter Augit angesehen werden. Auch dann würde das Gestein, im Vergleiche mit den Diabasen, denen es seiner Struktur nach am nächsten steht, z. B. dem Diabase von Kellenbach, auffallend augitarm erscheinen. Wahrscheinlicher ist es allerdings, dass die eingeklemmten Viriditparthien sowie auch die oft mit Viridit verbundenen und davon eingefassten Dolomitaggregate nur erfüllte Hohlräume sind. Dann würden wir hier ein Gestein haben, welches durchaus die Strukturform des Diabases, aber nicht den wesentlichen Gemengtheil, den Augit, besitzt. In dieser Beziehung ist das Gestein vom Domberrnwald einzig in seiner Art, nur die weit mehr umgewandelten Gesteine von Conz und Reinsfeld, wo die ursprüngliche Abwesenheit des Augites nicht mehr so bestimmt festzustellen ist, würden sich ihm anreihen. Diese augitarmen oder augitfreien Diabase entsprechen den oft ebenfalls augitfreien Melaphyren, wo dann allerdings in der Regel eine reichlicher vorhandene amorphe Grundmasse (Basis) gewissermassen als Vertretung des Augites erscheint.

## B. Melaphyre.

### a. Melaphyr von Lindscheid bei Tholey.

Das dichte, schwarze, basaltähnliche Gestein besitzt ein äusserst frisches, glänzendes Aussehen. Mit der Loupe erkennt man kleine, weisse Leistchen von Plagioklas, sowie einzelne rundliche Körner einer chloritischen Substanz, die wie Ausfüllung kleiner Blasenräume erscheinen.

Unter dem Mikroskope erkennt man: Plagioklas, Augit, glasige Basis, Viridit, Magnetit, Apatit.

Der Plagioklas in frischen, klaren Leistchen, meist

an den Enden wie zerbrochen erscheinend, zeigt ausnahmslos die Zwillingsstreifung. Die gemessenen Auslöschungsschiefen ergaben nach beiden Seiten der Zwillingsgrenze 25°—27°. Erhebliche Schwankungen in den Werthen der Auslöschungsschiefe scheinen sich nach den ausgeführten Messungen nicht zu ergeben, so dass im Allgemeinen der Plagioklas ein gleiches optisches Verhalten zu besitzen und hiernach einem und demselben Mischungsverhältnisse zu entsprechen scheint. Während die Werthe der Auslöschungsschiefe für die Plagioklase der Diabase, die im vorhergehenden mitgetheilt wurden, zwischen den Grenzen 11°—17° beiderseitig schwanken, ist hier dieser Winkel in allen Fällen ein viel bedeutenderer und zeigt, dass jedenfalls die Natur der Plagioklase in diesem Gesteine eine von jenen abweichende ist. Dieser hohe Werth würde unter Zugrundelegung der Descloizeaux'schen Angaben[1]) über den optischen Charakter der triklinen Feldspathe nur auf einen dem Anorthit nahestehenden Labrador schliessen lassen. Der Plagioklas ist der weitaus überwiegende Bestandtheil. Neben ihm erscheint der Augit nur in kleineren, verkrüppelten Individuen, auch Zwillingsverwachsungen, von blassgelblicher Farbe. Er ist in der Ausbildung regelmässiger Formen entschieden durch den Plagioklas gehindert worden und hat sich daher nur unvollkommen in dem ihm übrig gelassenen Raume entwickelt. In dieser Beziehung verhält er sich also ganz so wie die ebenfalls zwischengeklemmte, glasige Basis. Die Auslöschungsschiefe der Augite ist wegen der sehr unregelmässigen Gestalt nur schwer zu bestimmen, die für am Besten gehaltenen Werthe schwanken zwischen 41°—43°. Der Augit ist nicht pleochroitisch.

Die glasige Basis, welche nur in eingeklemmten Resten, nicht als continuirlich durch das Gestein verbreitete Masse vorhanden ist, ist von lichtbrauner Farbe, mit dendritischen Bildungen von Magnetit, zierlichen Stäbchen und Stacheln, oft bis zur vollkommenen Verdunkelung erfüllt. An einigen Stellen erscheint sie ganz frisch, während an andern plötzliche und oft weit vorgeschrittene Umwandlungen in ein

---

1) Comptes rendus. 1875 S. 364 ff u. 1876 S. 1017 ff.

grünes, fasriges Zersetzungsprodukt sich zeigen, für welches auch hier der Name Viridit beibehalten werden mag. Es ist nicht dichroitisch, unter gekreuzten Nicols erscheint es in tief blauschwarzen Farbentönen, fast wie apolar aussehend, verhält sich also ganz so wie der Viridit der Diabase. Auch dort wo Hohlräume im Gestein von dem Viridit erfüllt sind, zeigt er z. Th. dieselbe Beschaffenheit, hier kommen aber auch in concentrischen Lagen angeordnete, strahlige oder blumige Aggregate einer grünen Substanz vor, die schon etwas lebhafter polarisirt, mit der andern aber durch Uebergänge innig verbunden ist. In den Ausfüllungen dieser kleinen Hohlräume wechseln mit Viridit auch feine Lagen von Quarz. Der Magnetit zeigt scharfe oktaëdrische Formen, erscheint aber auch in stabförmigen, keulenartigen Aggregaten. Die ganze Struktur des Gesteines ist eine auffallend basaltähnliche. Olivin ist in den mir vorliegenden Schliffen nicht vorhanden, auch keine Aggregate von Serpentin, die als aus ihm hervorgegangen anzusehen wären. Sollte auch hin und wieder ein kleines Olivinkorn in den zwischengeklemmten Viriditpartieen verschwunden sein, so würde jedenfalls das Gestein als ein ganz olivinarmes bezeichnet werden müssen. Hierin, wie überhaupt in seiner ganzen Mikrostruktur, soweit die auffallende Uebereinstimmung eines mir vorliegenden Schliffes das zu bestimmen gestattet, nähert sich das Gestein von Lindscheid durchaus dem an Glasbasis reichen **Melaphyr vom Weisselstein bei St. Wendel**, den Rosenbusch neuerdings als den Typus eines **Diabaspechsteines** bezeichnet hat[1]). Als demselben Typus angehörig bezeichnet er noch die an glasiger Basis weit ärmeren Gesteine von Kirn und vom Wege zwischen Freisen und Hahnweiler. Ich kann mich der Auffassung Rosenbusch's in diesem Falle nicht anschliessen. Das Gestein vom Weisselberge hat mit den Diabasen eigentlich nichts gemein; seine Struktur ist die der Melaphyre d. h. eine basaltische und hierauf glaube ich muss doch etwas mehr Gewicht gelegt werden. Auch die optische Beschaffenheit der Plagioklase in diesen Ge-

---

1) Physiographie II. 383.

steinen, so schwankend sie im Grossen und Ganzen ist, ergeben doch für die Melaphyre übereinstimmend höhere Werthe als für die Diabase und das ist ein Punkt, der in Zukunft bei der Bestimmung eines Gesteines nicht wohl ausser Acht gelassen werden darf. Ob dabei mehr oder weniger Olivin in dem Gesteine vorhanden ist, ob derselbe lokal einmal ganz fehlt, das kann an der in der ganzen Mikrostruktur so auffallend sich ausprägenden Zusammengehörigkeit dieser Gesteine doch wohl nicht rütteln. So wenig, wie es mir daher zutreffend erscheint, das Gestein vom Weisselsteine als einen Diabaspechstein zu bezeichnen und es aus der Gruppe der Melaphyre zu reissen, mit der es in der That alle Verwandschaftscharaktere vereinigen, so wenig ist mir auch die Bestimmung des Gesteines von Lindscheid als echter Melaphyr zweifelhaft und mit diesem die anderer Gesteine des gleichen Typus.

### b. Melaphyr von Neipel bei Tholey.

Makroskopisch ein dichtes, schwarzbraunes Gestein, durchaus basaltähnlich, mit rostbraunen Verwitterungsrinden.

Unter dem Mikroskope erweist sich: Plagioklas, Augit, Glasbasis, Olivin, Viridit, Magnetit.

Der frische, klare Plagioklas ganz von der Beschaffenheit, wie im vorigen Gesteine, bildet auch hier den vorwaltenden Gemengtheil. Die gemessene Auslöschungsschiefe beträgt meistens $27^\circ - 29^\circ$ beiderseitig. Der Augit in unregelmässigen Körnern, blassröthlich, nicht dichroitisch, ist in seinen Formen durch die Plagioklasleisten bedingt. Oft erscheint ein grösserer Augitquerschnitt in anscheinend regellose, aber optisch gleich orientirte Stücke durch hindurch setzende Plagioklasleisten zerlegt. Die wohl nur annähernd richtigen Werthe der Auslöschungsschiefe sind $40^\circ - 42^\circ$. Zwischen diesen beiden Mineralien liegt eine lichtbraune Glasbasis, mit Magnetitstaub und Dendriten erfüllt. Dieselbe zeigt ganz wie im vorhergehenden Gesteine Uebergänge in Viridit, daher oft diese grüne, fasrige Substanz ganz so zwischengeklemmt erscheint, wie die Glasbasis. Die wohl zuerst von Haarmann[1]) ausgesprochene, später

---

[1]) Ueb. die Struktur der Melaphyre. Inaug.-Dissert. Leipz. 1872.

von Boricky[1]) und Rosenbusch[2]) bestätigte Wechselbeziehung in dem Quantitätsverhältniss des Augites und der Glasbasis tritt auch hier im Vergleiche mit dem vorhergehenden Gesteine bestimmt hervor, der Augit ist reichlicher, die Basis spärlicher vorhanden. Der Olivin ist häufig in grösseren und kleineren Querschnitten vorhanden, mit den für ihn charakteristischen Umwandlungserscheinungen. Zwischen grünen, fasrigen, lebhaft polarisirenden Zonen von Serpentin, die wie ein Netzwerk den grössten Theil der Olivinquerschnitte erfüllen, sind aber immer noch einzelne Olivinkörner als Reste vorhanden, lebhaft polarisirend und von übereinstimmender optischer Orientirung. Nur vereinzelt scheint die Umwandlung bis zur vollständigen Verdrängung der Olivinsubstanz fortgeschritten. Runde oder mandelförmige, einen regelmässigen schaaligen Bau zeigende Aggregate von Viridit, meist lebhafter polarisirend, sind Ausfüllungen von Hohlräumen. Fast regelmässig erscheint eine äussere strukturlose grüne Zone, die bei gekreuzten Nicols fast apolar erscheint und dann grüne, radialfasrige, lebhafter polarisirende Zonen mit Quarzlagen abwechselnd und einen Kern von Quarz oder Calcit umschliessend: die typische Form, wie wir sie auch bei den makroskopischen Mandelausfüllungen der Melaphyre kennen. Die Magnetitkörner und stabförmigen Aggregate scheinen vorzüglich die andern Gemengtheile zu umsäumen und nur weniger im Innern derselben vorzukommen.

### c. Melaphyr vom Lösterbach w. von Mettnich.

Das Gestein zeigt eine doleritische Struktur; in schwarzer, glänzender Grundmasse liegen lebhaft glänzende Feldspathleistchen und gelblichgrüne Olivinkörnchen. Das Aussehen ist sehr frisch.

Unter dem Mikroskope sieht man: Plagioklas, Augit, Glasbasis, Olivin, Magnetit, Viridit.

Der vollkommen frische Plagioklas zeigt Auslöschungsschiefen von $28°-31°$, der nur spärlich vorhandene, farb-

---

1) Melaphyre Böhmens, S. 7 u. 13.
2) Physiographie II. S. 393.

lose Augit: 34°—36°. Glasbasis, lichtbraun mit Magnetit getrübt, ist reichlich vorhanden, aber doch nur als zwischengeklemmte Parthien. In der Glasmasse liegen viele kleine regelmässig hexagonale Querschnitte, violettbraun durchscheinend, nicht dichroitisch, die für Eisenglanz gehalten werden möchten, oder aber in Eisenoxyd pseudomorphosirter Magnetit sind. Auch erscheinen hin und wieder darin Feldspathmikrolithe von skelettartiger Form, im innern hohl und von knieförmig oder auch vollständig quadratisch geschlossenen Balken eingefasst. Solche Formen bildet u. A. auch Boricky im Viridit des Melaphyrs von Lomnitz ab[1]).

Der Olivin ist gleichfalls nur zum Theile umgewandelt, zwischen unversehrten Körnern ziehen grüne fasrige Schnüre durch die Querschnitte. Der Olivin ist reichlicher vorhanden als Augit. Viridit ist als Zwischenmasse aus der Glasbasis hervorgegangen und ausserdem als Mandelausfüllung vorhanden.

### d. Melaphyr vor Monzingen a. d. Nahe (am Wege nach Langenthal).

Dieses Gestein gehört schon dem Nahegebiete an und ist daher hier wohl geeignet die petrographische Identität der im Nahegebiete auftretenden Melaphyre und der nördlicher in unser Gebiet hineinreichenden Vorkommen darzuthun.

Das Gestein zeigt eine porphyrisch, doleritische Struktur. In dichter schwarzbrauner Grundmasse sieht man weisse, deutlich gestreifte Plagioklasleisten und grüne Körner, die fast alle dem Olivin angehören. Die Beschaffenheit des Gesteines ist durchaus frisch.

Unter dem Mikroskope erkennt man: Plagioklas, Augit, Glasbasis, Olivin, Viridit, Magnetit, Calcit.

Die dichte Grundmasse löst sich unter dem Mikroskope in ein in brauner Glasmasse, die continuirlich das ganze Gestein erfüllt, inneliegendes Gewirre kleiner Plagioklasleistchen auf, neben denen Magnetitkörner und grünliche Parthien von Viridit liegen, hervorgegangen aus lo-

---

[1]) Melaphyrgest. Böhmens, S. 9. Taf. I, Fig. 7.

kaler Umwandlung der Glasbasis. Augitmikrolithe sind fast gar nicht wahrzunehmen, aber zahlreiche Flecken und kleine Anhäufungen von Calcit mögen wohl Reste umgewandelter Augitmikrolithe sein; Calcit ist in dieser Weise in der Grundmasse sehr verbreitet.

In der Grundmasse liegen grössere noch recht klare Plagioklase, mit Interpositionen von Glas und Fetzen der Grundmasse. Die Messungen der Auslöschungsschiefe ergaben für die Plagioklase $30^0-34^0$, in einem Falle sehr genau und bestimmt $34^0$. Augit als porphyrische Ausscheidung ist nur sehr wenig vorhanden. Er liegt nicht gleichmässig durch das Gestein verbreitet, sondern als Aggregate vieler unregelmässiger Körner, dabei auch Zwillinge, an einzelnen Stellen, dadurch in etwa an die sog. Augitaugen in Basalten erinnernd. Olivin ist in ähnlicher Weise, immer mehrere Querschnitte dicht bei einander liegend, vorhanden. Er ist fast immer ganz in eine grüngelbe, ziemlich lebhaft polarisirende Substanz von durchaus der Verticalaxe paralleler Faserung umgewandelt. Im Innern umschliesst er wohl auch Calcitaggregate.

### e. Melaphyr von Rathen nordöstlich von Wadern
(am Wege nach Aschbrunnen).

Ein dichtes schwarzes Gestein mit weissen Plagioklasleisten und braunen Körnern umgewandelten Olivines und rostbraunen Verwitterungsrinden.

Unter dem Mikroskope sieht man: Plagioklas, Glasbasis, Olivin, Viridit, Magnetit, Calcit.

Die Plagioklase sind nicht mehr vollkommen frisch und klar, sie zeigen eine Trübung entweder als ein Kern im Innern, oder als eine Randzone, z. Th. ist an der Trübung Viridit und Calcit betheiligt. Die gemessene Auslöschungsschiefe wurde in einigen Fällen beiderseitig genau zu $26^0$ befunden.

Augit ist in den untersuchten Schliffen nicht mehr wahrzunehmen, bei dem reichlich zwischen den Feldspathen vorhandenen Viridit und Calcit lässt sich nicht wohl entscheiden, ob nicht auch Augit in dieselbe umgewandelt worden. Dass aber vorherrschend in den grünen Parthien umgewandelte Glasbasis zu sehen ist, zeigen solche Stellen, wo noch Reste derselben, lichtbraun mit Magnetitstaub getrübt, vorhanden sind. Da diese zwischengeklemmte Glas- und Viriditsubstanz recht reichlich vorhanden ist, so lässt das schliessen, dass das Gestein jedenfalls ursprünglich sehr augitarm gewesen sein muss. Der Olivin ist hier in einem noch weiter gediehenen Stadium der Umwandlung, als in den vorhergehenden Gesteinen. Die Querschnitte, meist rostbraun umsäumt und von solchen Adern durchzogen, zeigen im Innern der von diesen eingefassten Maschen eine grüne oder gelbliche, lebhaft polarisirende und mit Calcit gemengte Substanz (Fig. 5). Darin erscheinen dann Aggregate ganz frischen, schwarzen Magnetites, der hier als eine Neubildung in den Olivinpseudomorphosen gelten muss. Calcitschnüre setzen durch die Schliffe hindurch.

Während das Auftreten des Viridites das erste Stadium in der Umwandlung der Melaphyre bezeichnet, bei noch frischen Plagioklasen und nur z. Th. zersetztem Olivin, ist für das zweite Stadium neben Viridit, das Erscheinen von Calcit und Eisenoxyd charakteristisch, die Plagioklase sind theilweise getrübt, der Olivin ist immer vollkommen pseudomorphosirt, neugebildeter Magnetit in demselben vorhanden. In diesem Stadium der Umwandlung erscheint das Gestein von Rathen.

### f. Melaphyr vom Wege zwischen Neipel und Schäuren.

Ein braungraues Gestein, blasig, in den Blasenräumen dünne Häute von Chalcedon, ausgeschieden schwarzbraune Körner von Eisenoxyd nach Olivin.

Im Dünnschliffe unter dem Mikroskope löst sich die Gesteinsmasse in ein Aggregat kleiner Plagioklasleistchen mit zwischenliegendem Viridit auf. Unveränderte Glasbasis ist nicht mehr sichtbar, aber die Struktur des Gemenges lässt zweifellos erkennen, dass der Viridit zum grössten Theile aus umgewandelter Basis hervorgegangen. Wenn Augit vorhanden war, so ist er gleichfalls vollkommen zu Viridit geworden, wahrscheinlich war das Gestein aber ursprünglich sehr augitarm. Der Viridit erscheint unter gekreuzten Nicols fast wie apolar. Calcitaggregate sind reichlich durch das Gestein verbreitet. Olivinpseudomorphosen erscheinen mit schwarzbraunen Eisenoxydrändern umgeben und von solchen Adern durchzogen, die Maschen mit lichtgrünem oder lichtbraunem Viridit erfüllt, auch wohl Calcitkörner im Innern (Fig. 5).

### g. Melaphyr von Niederhofen (a. d. Mühle).

Das Gestein ist mit dem vorhergehend makroskopisch und mikroskopisch fast identisch. Trübe Plagioklasleisten in einer an braunem Eisenoxyd und Viridit reichen Grundmasse, in der kein Calcit, wohl aber hin und wieder eingedrungene sphärolithische Aggregate von Chalcedon erscheinen. Ein grosser Theil der Feldspathleistchen, die kaum mehr Zwillingsstreifung wahrnehmen lassen, sind ganz in Viridit verwandelt. Plagioklas ist so überwiegend, die zwischen ihm eingeklemmten Viriditpartbien so deutlich als Reste ursprünglicher Basis charakterisirt, dass auch dieses Gestein gewiss ein recht augitarmes gewesen ist. Zahlreiche, kleinere und grössere Olivinpseudomorphosen aus Brauneisen und Viridit bestehend treten in der Grundmasse hervor.

### h. Melaphyr vom Weiher zwischen Ronbeiderhof und Forsthütte Kobenbach.

Braunes Gestein mit vielen runden Blasenräumen. Unter dem Mikroskope: trüber, z. Th. grüner Plagioklas, die Zwischenmasse Viridit, Magnetit grösstentheils in Brauneisen umgewandelt, ausserdem zahlreiche blutrothe Fetzen von Eisenoxyd. Quarz als Ausfüllung von Blasenräumen. Kleine Calcitaggregate durch die Gesteinsmasse verbreitet. Olivin fehlt fast ganz.

### i. Melaphyr von Filzen a. d. Saar (Weg im S.-O. zwischen Weinberg und Wald).

Braunes Gestein mit Blasenräumen, in denen weisse Chalcedon- und Kalkrinden; rothe Olivinpseudomorphosen. Plagioklas trübe und Aggregatpolarisation gebend, nur sehr selten noch Andeutung von Zwillingsstreifung. Die Grundmasse sonst ganz wie in dem Gesteine von Niederhofen, aus Viridit, Brauneisen und rothen Flecken von Eisenoxyd gebildet, hin und wieder von sphärolithischen Chalcedonschlieren durchzogen. Viel Calcit; Olivin fast ganz zu Brauneisen umgewandelt, im Innern kein Viridit mehr (Fig. 5a, 5b). Die Plagioklasleisten z. Th. roth und braun gesäumt.

k. **Melaphyr von Rathen** (gegenüber am rechten Lösterbachufer).

Braunrothes Gestein mit kleinen Mandelräumen, in denen dünne Ueberzüge von Chalcedon und Kryställchen von Braunspath und Quarz erscheinen. Rothe eisenschüssige Punkte, durch das Gestein verbreitet, sind Olivinpseudomorphosen. Unter dem Mikroskope gleicht die Grundmasse ganz der in den vorhergehenden Gesteinen. Brauneisen ist so reichlich, dass die Schliffe z. Th. nur wenig durchsichtig sind, um so deutlicher treten die stets braun eingefassten kleinen Plagioklasleisten hervor, die selbst trübe, nur Aggregatpolarisation geben. In der Grundmasse ist kein Viridit mehr vorhanden, nur in einzelnen Olivinen ist er noch sichtbar. Andere Olivinquerschnitte zeigen einen Kern von Calcit mit braunem Saume und Netzwerk von Eisenoxyd. Diese Brauneisenaggregate nach Olivin sind z. Th. aus den Schliffen herausgebröckelt, daher auch Hohlräume in der Form des Olivins.

l. **Melaphyr vom Eulenkreuz** (zwischen Rathen und Mettnich).

Makroskopisch und mikroskopisch identisch mit dem vorhergehenden Gestein. Sehr schön tritt die Fluidalstruktur der kleinen von Brauneisen umsäumten Plagioklasleisten, besonders um Olivinquerschnitte oder leere Stellen, an denen sie gesessen, hervor. Bei gekreuzten Nicols erscheint fast der ganze Schliff dunkel. Fast kein Calcit und nur mehr Spuren von Viridit in Olivinquerschnitten.

m. **Melaphyr von Lockweiler.**

Dem vorigen makroskopisch und mikroskopisch gleichend. Sehr schöne Olivinpseudomorphosen von Brauneisen, oft in concentrisch den Umrissen paralleler Anordnung wie Fig. 5a und 5b. Ganze Stellen im Schliffe zeigen auch keine erkennbaren Feldspathleistchen mehr, sondern geben nur eine unbestimmte, schwache Aggregatpolarisation. Wenig Quarz; kein Calcit mehr vorhanden.

### n. Melaphyr von Ockfen.

Makroskopisch und mikroskopisch den vorhergehenden Gesteinen ähnlich; in der hellen braunen Grundmasse heben sich die Olivinpseudomorphosen sehr bestimmt hervor. Unter dem Mikroskope in einer weissen, fast apolaren Masse, die den ganzen Schliff gleichmässig durchdringt, ein Gewirre sehr kleiner Plagioklasleistchen mit Brauneisen. Bei gekreuzten Nicols erscheint der Schliff fast ganz dunkel. Schöne, typische Olivinpseudomorphosen wie Fig. 5a, 5b. Der Viridit im Olivin zeigt lebhafte, bunte, eisblumenähnliche Polarisationserscheinungen. Calcit erscheint in einzelnen körnigen Aggregaten.

### o. Melaphyr vom Reidelbacherhof bei Wadrill.

In grünlichgrauer dichter Grundmasse treten braunrothe Pseudomorphosen von Olivin z. Th. mit vollkommen scharfer Krystallform, die Combination: $\infty P\infty . \infty P . \infty \bar{P}2 . \infty \bar{P}\infty . 2\bar{P}\infty$, sehr deutlich hervor.

Unter dem Mikroskope zeigt die Grundmasse eine etwas von der der vorhergehenden Gesteine abweichende Beschaffenheit. Sie ist viel unbestimmter, erscheint im gewöhnlichen Lichte farblos, dann treten nur in Viridit umgewandelte, blassgrüne Plagioklasleistchen darin hervor. Bei gekreuzten Nicols erscheinen diese sehr lebhaft polarisirend, der Längsaxe der kleine Prismen parallel gefasert, mit parallel und senkrecht zu den Fasern orientirter Auslöschung. Die übrige Grundmasse gibt z. Th. nur eine sehr schwache Aggregatpolarisation, in der nur hin und wieder sphärolithische Aggregate von Quarz zu erkennen sind. Ein grosser Theil der Grundmasse ist wirklich apolar und erscheint dunkel. Diese apolare Substanz muss wohl für amorphe Kieselsäure gelten. Das in den vorhergehenden Gesteinen so reichlich vorhandene Brauneisen ist hier nur sehr spärlich. Ausser den Olivinquerschnitten, vollkommen in Viridit pseudomorphosirt, einzelne im Innern ein Quarzkorn umschliessend, erscheinen auch noch einzelne, farblose Reste von Augitkörnern als porphyrische Ausscheidungen in der Grundmasse. Dieses Gestein ist nach seiner Mikrostruktur das einzige, bei dem es zweifelhaft erscheint, ob es zum Melaphyr gestellt werden soll[1]), wohl eher dürfte es als ein olivinführender Diabasporphyrit gelten. Bei der weit gediehenen Umwandlung des Gesteines ist eine Entscheidung kaum zulässig[2]).

### 4. Porphyr von Rhaunen.

Nur ein einziges Gestein aus der Reihe der Porphyre lag mir aus dem Gebiete vor, dem die behandelten Gesteine angehören.

Dasselbe bildet nach der Mittheilung des Herrn Becker aus Rhaunen, der mir dasselbe übersandte, eine ziemlich mächtige, stockförmige Einlagerung in den devonischen Schichten unweit des genannten Ortes, ein Vorkommen, das ich auf der Karte des Herrn v. Dechen nicht verzeichnet finde.

Das Gestein ist von einer fast weissen, gelblichen Farbe. In einer sehr feinkörnigen, fast quarzharten Grundmasse, ein inniges Gemenge von Quarz und Feldspath, in dem nur vereinzelte Feldspathleistchen mit der Loupe sichtbar sind, liegen hellbraune, lebhaft glänzende, kleine Blättchen von Glimmer und gelbe oder blassröthliche, matte, bis zu 1—2 mm. grosse Krystalle von Feldspath. Die Grundmasse macht unter der Loupe ganz den Eindruck eines äusserst feinkörnigen Granites. Auf den Kluftflächen einzelner Handstücke erscheinen zahlreiche, glänzende Kryställchen von Pyrit, kuglige Aggregate von Braunspath und sehr zierliche, sternförmige Gruppen von Aragonit. An

---

1) Rosenbusch nennt das Gestein einen Melaphyr: Physiogr. II. S. 401.

2) Zwei weitere Gesteine dieses Gebietes, die mir ebenfalls zur Untersuchung vorlagen, erwiesen sich, wie schon ihr makroskopisches Aussehen vermuthen liess, als klastische Gesteine: das Gestein von Obermennig, ein quarzitähnlicher Sandstein, das Gestein vom Ailer Forsthaus bei Saarburg als ein arkoseähnliches, feldspathhaltiges, quarzreiches Gestein.

einigen Stellen sind die grösseren Feldspathe rostbraun und treten dann aus der Grundmasse besonders hervor.

Unter dem Mikroskope löst sich die Grundmasse in ein Aggregat kleiner Leisten und Querschnitte von Orthoklas und Plagioklas mit zwischen liegenden Körnern von Quarz auf, so, dass in dem Gemenge die Feldspathe, die fast zu gleichen Mengen vorhanden sind, bedeutend überwiegen. Irgendwie bestimmte Reste oder Stellen einer wie immer gearteten Basis sind nicht wahrzunehmen. Die kleinen Feldspathleisten zeigen zum grossen Theile nur aus zwei Hälften bestehende Zwillinge, aber nur die wenigsten derselben erweisen sich als Orthoklas. Diese Leistchen sind so scharf und bestimmt, dass sie recht gut die Bestimmung ihrer Auslöschungsschiefe zuliessen. Die Messungen ergaben Werthe, die gar nicht in sehr weiten Grenzen schwanken, etwa 15°—17° beiderseitig. Die Plagioklasleisten zeigen vorherrschend eine lange schmale Gestalt, während die kleinen Querschnitte von Orthoklas mehr kurze, vier- oder sechsseitige Gestalten aufweisen. Auch diese zeigen oft eine Zwillingsverwachsung aus zwei Hälften, aber die zur Kante P/M oder zur Zwillingsgrenze parallele und senkrechte Orientirung gibt immer die sichere Entscheidung. Alle Orthoklasquerschnitte zeigen eine lebhaftere, noch farbige Polarisation, während die Plagioklase nur zwischen hell und dunkel variiren. Zwischen diesen beiden Feldspathen erscheint der Quarz nur selten in einigermassen deutlichen Querschnitten, körnige Aggregate desselben nehmen hin und wieder grössere Stellen in den Dünnschliffen ein. Neben diesen, vorherrschend die Grundmasse bildenden Gemengtheilen, erscheinen auch kleine, stark dichroitische, über dem Polarisator lichtbraun und schwarz gefärbte Blättchen und Leistchen von Glimmer, wie zierliche Faserbündel. Dieselben haben verschiedene Grösse, einzelne erhalten dadurch schon den Charakter porphyrischer Ausscheidungen, während andere so klein sind, dass sie erst bei Anwendung starker Vergrösserung aus der Grundmasse auftauchen. Sie erhöhen den Eindruck einer vollkommen mikrogranitischen Structur, den die Grundmasse macht.

Auch die als porphyrische Ausscheidungen zu bezeichnenden Feldspathe sind verschiedener Grösse und gehen abwärts bis zu der Grösse der die Grundmasse constituirenden Leisten herunter. Auch die grösseren Querschnitte erweisen sich z. Th. als Plagioklas z. Th. als Orthoklas. Die gemessene Auslöschungsschiefe einiger Plagioklase ergab wie für die der Grundmasse 16°—17° zu beiden Seiten der Zwillingsgrenze; beide Feldspathe sind stark getrübt durch eingelagerte Zersetzungsprodukte. Calcit erscheint in körnigen Parthien durch das ganze Gestein zerstreut, an einzelnen Stellen auch Aggregate deutlicher, übereinander geschachtelter Rhomboëder zeigend. Neben dem Calcit erscheint noch ein anderes weisses Umwandlungsprodukt, unter gekreuzten Nicols fast wie apolar, mit zahlreichen darin liegenden lebhaft leuchtenden fasrigen Lamellen. Dieses Produkt, welches grössere Feldspathe und auch wohl Quarzquerschnitte umsäumt, dürfte ein kaolinartiges sein.

Im gewöhnlichen Lichte erscheinen die Schliffe fast ganz hell und farblos, dann treten wolkige Trübungen in denselben hervor, die schon bei schwacher Vergrösserung als rundkörnige Aggregate sich erkennen lassen. Bei der Anwendung stärkerer Vergrösserungen lösen sich diese Stellen meist als Aggregate von Epidot auf. Es sind rundliche, gelb gefärbte, lebhaft glänzende und polarisirende Körner, oft viele zu dendritischen Gruppen und Verästelungen oder zu zierlichen Sternen vereinigt (Fig. 11). Einzelne grössere Körner zeigen bestimmte rhombische Querschnitte, auch wurden herzförmige Zwillinge unter denselben beobachtet. Da der grösste Theil der trüben Stellen aus solchen Epidotanhäufungen besteht, so ist dieser im Gesteine ziemlich reichlich vorhanden. Zu grösseren Formen scheint er jedoch nie entwickelt zu sein. Apatit ist ebenfalls, aber nur spärlich vorhanden. Wie schon makroskopisch das Gestein den Eindruck eines äusserst feinkörnigen Granites machte, so bestätigt der mikroskopische Befund dieses vollkommen. Es liegt somit ein echter Porphyr in dem Gesteine nicht vor, sondern ein Gestein aus der Gruppe der Mikrogranite[1]) mit porphyrischer Ausbildung, die sich

---

1) Rosenbusch, Physiographie II. 87.

als sehr feinkörnige Granitporphyre darstellen. Da zu dieser Klasse der Mikrogranite auch die Quarzporphyre des Nahethales und vom Donnersberge gehören, so kann das Gestein von Rhaunen wohl nur als eines der nördlichsten Vorkommen dieser Eruptivgesteine angesehen werden.

## Schluss.

Die Resultate der im Vorhergehenden mitgetheilten Beobachtungen lassen sich in kurzer Uebersicht dahin zusammenfassen:

Die Eruptivgesteine der devonischen Formation zwischen Mosel und Saar scheinen im nördlichen Theile des Gebietes in der nächsten Nähe der Mosel vorzüglich aus Dioriten und Diabasen zu bestehen, die auch westlich an der Saar und bis in die Ardennen hinein häufig sind. Weiter südlich nach der Grenze gegen die jüngeren Formationen des Zechsteines und des Rothliegenden hin z. Th. schon in diesen erscheinen die Melaphyre; der Porphyr von Rhaunen ist ein weit nach Norden im Devon auftretendes Glied der Naheporphyre.

Die Diorite sind übereinstimmend durch lichtgrünen, meist schilfig ausgebildeten Amphibol charakterisirt, neben dem der Augit in der Regel fehlt. Die Diabase führen blassgrauen oder röthlichen Augit, zuweilen von diallagartiger Spaltbarkeit, neben ihm Hornblende nur vereinzelt. Zwischen beiden steht das Gestein von Kürenz als ein Diorit-Diabas in der Mitte, den Augit der Diabase, den Amphibol der Diorite und dunkelbraunen Amphibol und eben solchen Biotit gleichzeitig führend. Uralit ist für dieses Gestein noch besonders charakteristisch.

Die Plagioklase der Diorite ergaben, immer beiderseitig zu der Zwillingsgrenze der Lamellen gemessen, Auslöschungsschiefen, die von $11°—15°$ schwanken, die der Diabase solche von $13°—17°$, das Gestein von Kürenz $14°—16°$.

Als Zersetzungsprodukte der Diorite, vorzüglich der Hornblende erscheinen Viridit, Epidot. Calcit, meist reichlich Epidot.

Als Umwandlungsprodukte der Diabase erscheinen vorherrschend Viridit und Calcit, daneben nur untergeordnet auch Epidot.

Der Viridit ist in beiden Gesteinen ein chloritisches Mineral von nicht ganz constanter Zusammensetzung und Beschaffenheit, bald dem Delessit, bald dem Helminth nahe stehend.

Beiden Gesteinen gemeinsam erscheinen die Mineralien des Eisens: Titaneisen, Magnetit, Pyrit. Das letztere vorherrschend in den diabasischen Gesteinen, der Magnetit in beiden nur untergeordnet gegenüber dem Titaneisen.

Das charakteristische Verwitterungsprodukt des Titaneisens: der Titanomorphit scheint ein Kalktitanat zu sein, aus dem durch weitere Umwandlung auch Titanit hervorgeht.

Die Melaphyre von typischer Beschaffenheit, sind, soweit sie nicht umgewandelt erscheinen, als basisreiche Glieder dieser Gruppe ausgebildet. Augit und glasige Basis stehen in Bezug auf ihre Quantität in Wechselbeziehung. Einige Melaphyre sind sehr olivinarm. Die Auslöschungsschiefe der Plagioklase ergab Werthe von $25^0—34^0$.

Bei der Umwandlung der Melaphyre lassen sich drei Stadien deutlich unterscheiden[1]).

Das erste Stadium (und in diesem befinden sich auch die meisten der anscheinend ganz frischen Gesteine schon) zeigt, bei noch klarem Plagioklas und Augit, die Basis z. Th. noch unverändert z. Th. partiell in Viridit übergehend, den Olivin noch aus reichlich frischen Resten mit Viriditadern durchzogen, Magnetit noch frisch mit braunen Säumen, fast keinen Calcit.

Im zweiten Stadium erscheint der Plagioklas zonenweise getrübt, Augit und alle Basis zu Viridit verwandelt, Olivin ganz zu Viridit pseudomorphosirt mit neugebildetem Magnetit, Brauneisen um und in Olivin, aber nur spärlich in der Grundmasse, primärer Magnetit ganz in Eisenoxyd umgesetzt, reichlich Calcit.

---

[1]) Diese drei Stadien hat auch Boricky unterschieden: Melaphyrgest. Böhmens, S. 15—18.

Das dritte Stadium endlich erweist den Plagioklas vollkommen getrübt, fast keine Streifung mehr zeigend, nur die Umrisse z. Th. noch deutlich, aber alle mit Eisenoxyd umsäumt, aller Viridit verschwunden und in Eisenoxyd verwandelt, daher dieses, sehr reichlich, das ganze Gestein färbt, Olivin ganz in Eisenoxyd pseudomorphosirt, kein neugebildeter frischer Magnetit mehr, fast aller Calcit wieder fortgeführt, mehr oder weniger reichlich eingedrungene Kieselsäure.

Als Endprodukte der Umwandlungsprocesse können angesehen werden: für die Diorite: Epidosite oder epidotreiche Kalke, für die Diabase: serpentinhaltige Kalke und Dolomite, Ophicalcite, nicht ohne die Möglichkeit gleichartiger Produkte für beide Gesteinsklassen, endlich für die Melaphyre: thonige und quarzhaltige Brauneisensteine, ähnlich manchen eisenschüssigen basaltischen Wacken.

Bei der Classification der Gesteine aus den Gruppen der Plagioklaspyroxenite und Plagioklasamphibolite ist neben den Strukturformen vorzüglich die Art der Feldspathe als entscheidend zu berücksichtigen.

Nur solche Gesteine dürfen als Diabase oder Diorite und deren Porphyrite angesehen werden, die bei vollkommen granitischer oder porphyrischer Struktur vorherrschend einen Plagioklas führen, dessen Auslöschungsschiefe etwa in den Grenzen zwischen $12^\circ-19^\circ$ schwankt, als Melaphyre nur solche, die eine vorwaltend basaltische Struktur und Plagioklase aufweisen, deren Auslöschungsschiefe grössere Werthe, etwa $20^\circ$ bis $35^\circ$ beträgt.

# Erklärung der Tafeln.

## Tafel III.

Fig. 1. Viriditparthie aus dem Diorit von Winkelbornfloss bei Schillingen. In der lichtgrünen, radialfasrigen Viriditmasse liegen zwei Epidotaggregate mit dunkelfarbigen Axen und Titaneisenkörner. Um die Viriditparthie. derselben z. Th. aufgewachsen, Bündel und Garben von secundär gebildetem Biotit.

Fig. 2. Aus dem Diabas von Kellenbach. Links ein grosser Plagioklasquerschnitt mit parallel der Zwillingsgrenze eingeschalteten Epidotleisten, dieser Theil bei gekreuzten Nicols gezeichnet und die einen Zwillingslamellen auf ihre Auslöschung gestellt. Rechts Querschnitt eines farblosen, rechtwinklig spaltbaren Minerals (Apophyllit) mit eingelagertem Helminth. In der Mitte oben zwischengeklemmter Viridit, unten secundäre Biotitbüschel.

## Tafel IV.

Fig. 3. Diabas von Förstelbach. Linke Hälfte: umgewandelte Plagioklasleisten mit Säumen von körnigen Epidotaggregaten. Quarzhexagon mit radialgestelltem Viridit, Apatitnadeln zerbrochen und verschoben. Eine Quarzader, längsgefasert, mit senkrecht zur Faserung stehenden Grenze der einzelnen Quarzindividuen, eingeschaltet Viridit. Ein Titaneisenkrystall ist von der Quarzader gespalten. Rechte Hälfte: Titaneisen und Titanomorphit; Pyrit zu Eisenoxyd umgewandelt.

Fig. 4. Amphibol, Uralit, Augitkerne aus dem Diabas-Diorit von Kürenz.

Fig. 5, 5a, 5b. Olivinpseudomorphosen aus den sehr umgewandelten Melaphyren z. B. Ratheu, Lockweiler.

Fig. 6. Umgewandelter Augit mit Viriditnetzwerk und neugebildetem Magnetit aus den Diabasen von Irscher Mühle und Crettnach.

Fig. 7. Apatit mit Quarzaxe aus dem Diabas von Kellenbach.

Fig. 8. Aggregate von Braunspathrhomboëdern mit Eisenoxyd umhüllt aus dem Gestein von Kernscheidt.

Fig. 9. Sternförmige Epidotaggregate mit Brauneisen überrindet aus dem Diabas von Reinsfeld.

Fig. 10. Viridit als Zwischenklemmungsmasse aus dem Diabas von Hockweiler.

Fig. 11. Kleine Epidotkörner von kugliger Gestalt, Aggregate solcher und Epidotkryställchen (Zwilling) aus dem Porphyr von Rhaunen.

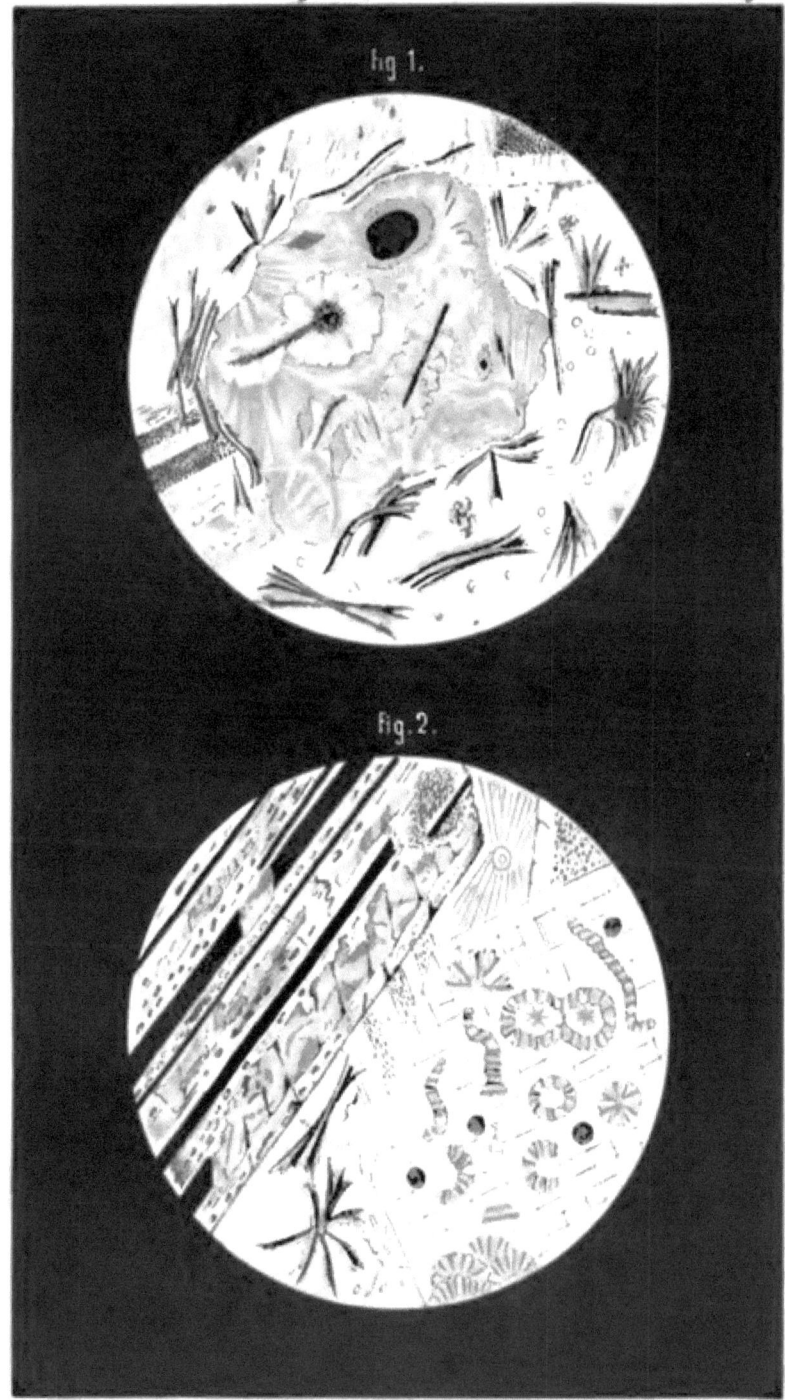

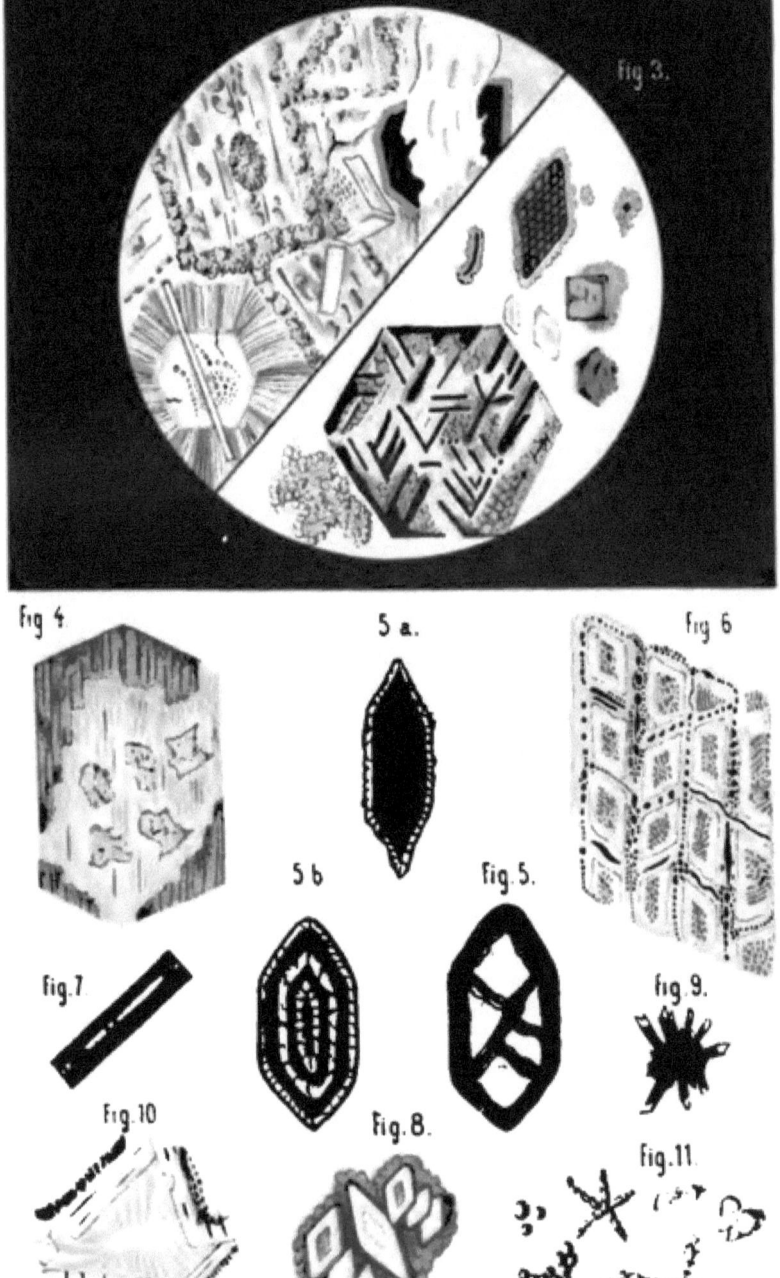

von Lasaulx gez.